Institutional Design in Cultural Ecology:
An Up-close Look at the Operation of American Society

文化生态中的制度设计：
近距离观察美国社会运作

孙嘉明 ◎ 著

上海大学出版社

图书在版编目(CIP)数据

文化生态中的制度设计:近距离观察美国社会运作 / 孙嘉明著. -- 上海：上海大学出版社，2025.5.
ISBN 978-7-5671-5237-3

Ⅰ. D771.28

中国国家版本馆 CIP 数据核字第 2025P5J791 号

责任编辑　颜颖颖
封面设计　缪炎栩
技术编辑　金　鑫　钱宇坤

文化生态中的制度设计：近距离观察美国社会运作
孙嘉明　著
上海大学出版社出版发行
(上海市上大路99号　邮政编码200444)
(https://www.shupress.cn　发行热线021-66135112)
出版人　余　洋
*
南京展望文化发展有限公司排版
上海颛辉印刷厂有限公司印刷　各地新华书店经销
开本890mm×1240mm　1/32　印张8.75　字数201千
2025年7月第1版　2025年7月第1次印刷
ISBN 978-7-5671-5237-3/D·271　定价　65.00元

版权所有　侵权必究
如发现本书有印装质量问题请与印刷厂质量科联系
联系电话：021-57602918

序 言 Preface

本书作者孙嘉明教授作为一名资深社会学专家,在长期的学术生涯中,他始终将"制度设计"作为其主要研究方向之一,较早就发表了涉及文化观念与制度设计的研究成果。

在赴美深造与教学研究的岁月里,嘉明教授经常亲身感受、实地考察和深入反思周遭林林总总大大小小的制度问题——正是这些分属于不同层面、不同领域的制度,使美国社会在总体上能够有序运转。

本书中,作者选取了自己熟悉的20个制度案例,从社会学的视角加以描述与阐析:是怎样的制度?制度是如何运行的?多大程度上实现了预设的制度目标?在此基础上,还注意揭示制度设计的重要价值,以及文化与制度、文化生态与制度设计的关系。

应作者之邀,本人很高兴最早浏览这部书稿。深感其主题鲜明突出,内容引人入胜,描述生动形象,阐析深入浅出,很适合社会学、政治学、经济学等专业的本科生和研究生阅读。可以相信,本书不仅能帮助青年学生获取新知,拓宽视野,还会激活他们的思维,去进一步思考诸如"文化与制度""文化生态与制度设计"的关系等问题。

就本人而言,读此新著,除了更加了解美式制度(特别是具体制度）及其运行外，更被激起了对于制度理论的再思考。

比如，究竟如何界定"制度"及"文化"？资料表明，在世界范围内，学者们对于这两个概念的界定，如同对其他众多概念的界定一样，众说纷纭，莫衷一是。本人的界定是，制度即指"要求社会主体（组织与个人）必须遵守的准则"；文化即指"人们的价值取向、思想意识和理论观点等精神现象"。

那么，需要跟进思考的是，所谓"准则"是否仅指宪法法律等做出的明文规定，抑或亦包含文化范畴的价值取向、思想意识与传统习俗等？若按前者论，"制度与文化"的关系便是两种明显区别的事物间关系；若按后者论，"制度与文化"的关系便是两种既有区别又相交织的事物间关系。从这两个不同基点出发，对于"制度与文化的"关系所展开的思考与论述，必然会呈现出两种不同的景象。

又如，制度是否均由人们设计的？依本人思考，如果把制度仅限定为宪法法律等的明文规定，那么，这一意义上的制度均是由人们设计和制定出来的；如果将制度分为"正式制度"与"非正式制度"，前者指宪法法律等的明文规定，后者指传统的公序良俗和潜规则等，那么，"非正式制度"就不是由人们设计和制定的，而是由人们在长期的社会生活中自然而然地逐步形成的。

再如，思考"制度的作用"。众所周知，"制度决定论"充分强调制度对于经济和社会的兴衰成败具有决定作用，例如有人认为，正是（产权等）制度决定了资本主义的发展。2024年诺贝尔经济学奖的获得者正是制度决定论者。而与"制度决定论"相对应的是"文化决定论"。此论主张：是文化（如新教伦理）决定了资本主义的发展。

似需追问：制度又是由什么决定的呢？本人认为，制度由多种因素决定——这可以从孟德斯鸠、卢梭等思想家的著作中得到启示。而在多种因素中,文化对于制度的成型(自然形成和人为设计),所产生的决定作用无疑是相当重要的。而此点在嘉明教授揭示"文化生态与制度设计"的关系时已涉及。

按本人思考,文化不仅在决定制度的成型中有着重要作用,而且,对于制度的运行,也具有相当的决定作用。当曾经决定制度设计的文化,同样能支配制度运行时,那么,制度运行必定会顺利展开,其结果必定能充分实现所预设的制度目标;反之,当制度运行遇到与决定制度设计的文化相悖的另类文化严重干扰时,制度运行或者受阻,或者流于形式,预期的制度目标就无法实现。

可见,"制度决定论"的"制度"及其运行,在很大程度上是由文化所决定的。据此,可谓文化是"自变量",制度是"因变量"。

但,这并非绝对。相反的事例告诉我们:在一定历史条件下自然形成或人为设计的制度若能长久运行,那么,会产生"习惯成自然"的效应:人们会逐步适应和认同这一制度。随之,曾决定此制度成型的文化,便会逐渐"以文化人""润物无声"地内化于人心。如我国运行了二三千年的专制制度,就在全社会形成了根深蒂固的专制文化。其残余影响至今仍是阻滞人民民主制度运行的另类文化要素。

当然,只要我们坚持冲破和肃清专制文化的残余,坚持当真而非形式化地运行人民民主制度,切实实现人民当家作主的制度目标,并重视在全社会培植和弘扬决定人民民主制度设计的人民民主文化,那么,长此以往,人民民主制度便会成为人民所"习惯"的一种生活方式,人民民主文化也会在人民群众中"内化于心"，以至根深蒂固。在此意义上讲，制度的长期运行会决定相应文化的培植和普及。

上述分析若能成立，那么"文化与制度"以及"文化生态与制度设计"的关系，似可认定为互为因果的关系、"鸡和蛋"的关系。

虽然本人研究政治制度已有数十年，对于制度理论的若干问题也有过一些思考，但嘉明教授的新著又促使我作了进一步的思考。当然，仍有待再深化再拓展。

本人总认为，凡是好书，除了让读者学到一些什么外，也一定会激活读者的思维，促使他们去思考。至少在这一意义上，嘉明教授的新著是一本好书。

当然，没有一本好书是完美无缺的，本书亦然。它所存在的某些不足，相信读者们，尤其是社会学等专业的学生们，会比我看得更清楚。如果他们愿意向作者直言相告，定会有助于嘉明教授进一步深化他的制度研究，完善他的这一著作。

顺便提及，20世纪80年代初，中国大陆恢复了政治学、社会学学科。自兹以降，不少学者已经开始重视以不同专业视角和不同研究方法，对各类制度进行了渐次深化的研究，这是可喜的。但是，据本人浅见，对于制度基础理论的研究，总体上是缺乏的。对此，希望相关学者，特别是年轻才俊们能在这一方面作出自己的学术贡献。是为盼，聊为序。

浦兴祖
2025年3月8日于上海逸仙华庭

目 录 Contents

前言 社会科学范畴的"制度设计"亟待重视 / 001

上编 市场经济环境中的制度实践 / 001

    "小政府"如何才能轻松应对自然灾害？ / 003
    小城"业余市长"是如何产生和行使其职责的？ / 012
    价格机制是如何在良性"市场生态"中运作的？ / 021
    美国式"市场主义"文化是如何无孔不入的？ / 032
    "估值"机制是如何遏制房产价格暴涨的？ / 041
    报税机制是如何实现差别化"二次分配"的？ / 051
    "卖空"机制是如何平抑股市暴涨暴跌的？ / 064
    美国高校是如何激励私人捐赠的？ / 077
    久负盛名的"世界名人录"是如何商业化经营的？ / 089
    作为"亚文化现象"的美国老年公寓是如何运作的？ / 104

下编 校园文化生态中的制度规范 / 113

    高校"教学大纲"是如何成为规范教学的重要措施的？ / 115

学生评教是如何成为"常态化"教学评估制度的？ / 125
高校师资晋升制度的流程是怎样的？ / 135
大学师资培训制度是如何贯彻的？ / 150
高校行政职位的"自我提名"机制是如何体现的？ / 159
美国大学"助教制度"是如何实操的？ / 166
州立大学校长是如何产生和行使其职权的？ / 177
校园"下半旗"的制度设计是如何实施的？ / 189
大学生"课余打工"惯例是如何自发形成的？ / 196
美国大学生"个性化"是如何与"异质化"社会相关联的？ / 204

附录一　历史、社会、文化三维结构中的制度理念 / 215

重塑社会主义观念形态：社会学的思考
——兼评卢卡奇的《历史和阶级意识》/ 217
社会发展：内在指标及其前提 / 228
"法人选择"还是"公共选择"？
——市场经济条件下的政府行为 / 240

附录二　孙嘉明主要科研成果（1984—2024年）/ 251

后记 / 261

前言　社会科学范畴的"制度设计"亟待重视

制度设计（Institutional Design）是指研究和创建组织、政府和社会内的结构、规则和系统。它涉及精心规划和安排制度，以实现特定目标，例如效率、问责制、稳定性和公平性。制度设计可以包含宏大的正式结构（例如宪法、法律和组织层级）以及中层的和微观领域的非正式规范和实践。

制度设计的主要倡导者有道格拉斯·诺斯（Douglass C. North，1920—2015年）、埃莉诺·奥斯特罗姆（Elinor Ostrom，1933—2012年）等。道格拉斯·诺斯，美国经济学家，1993年诺贝尔经济学奖得主。诺斯是美国新制度经济学派的代表人物，是新经济史的先驱者、开拓者和倡议者。他建立了包括产权理论、国家理论和意识形态理论在内的"制度变迁理论"，并因此获得1993年诺贝尔经济学奖。他历任华盛顿大学经济学教授、剑桥大学庇特美国机构教授、圣路易斯华盛顿大学鲁斯法律与自由教授及经济与历史教授、经济系卢斯讲座教授。他认为制度（正式和非正式）对经济绩效至关重要。他强调制度在降低交易成本和不确定性方面具有重要的作用，从而促进经济增长。诺斯还强调了历史背景在塑造制度方面的重要性，以及既定制度安排可能产生的路径依赖。

埃莉诺·奥斯特罗姆，美国著名政治学家、政治经济学家、行政学家和政策分析学家，美国公共选择学派的创始人之一，供职于美国印第安纳大学。2009年10月12日，奥斯特罗姆成为历史上第一位获得诺贝尔经济学奖的女性。其代表作为《公共事物的治理之道：集体行动制度的演进》。她通过展示当地社区如何通过集体行动和自组织机构成功管理资源，挑战了传统的"公地悲剧"（Tragedy of the commons）叙事。奥斯特罗姆强调了多中心治理体系的重要性，在这种体系中，多个重叠的机构共同努力，从而提供更具适应性和针对具体情况的解决方案。

国内学者较为熟悉的是生活·读书·新知三联书店于2011年出版的《重新发现制度：政治的组织基础》一书。此书受益于国家自然科学基金委员会杰出青年基金项目"当代中国公共政策理论体系的研究"的资助。同时，该丛书的出版得到了国内外公共政策领域诸多学者的帮助，以及三联书店的领导和编辑们的大力支持。作者是美国学者詹姆斯·G. 马奇（James G. March）和挪威学者约翰·P. 奥尔森（Johan P. Olsen）。詹姆斯·G. 马奇是斯坦福大学的管理学"弗莱德·H. 梅芮尔教授"，以及政治学和社会学教授。约翰·P. 奥尔森是挪威卑尔根大学的政治学教授。马奇和奥尔森为政治学中的"新制度主义"做出了贡献。他们专注于制度在塑造政治行为和结果方面的作用。他们的"适当性逻辑"理论表明，个人的行为更多地受到制度规范和规则的影响，而不是理性的自利计算。他们认为，制度提供了一个意义框架，指导其中行为者的行为。

这些社会科学工作者及其著作强调了制度在塑造人类行为、政治和经济结果以及社会整体运作方面的重要性。他们的贡献影响了广泛的领域，包括经济学、政治学、社会学和组织理论。

关于社会科学核心功能，历来存在三种主要观点。第一种观点认为，社会科学的核心目标是理解和解释复杂的社会现象，包括理解社会行为、社会结构、文化、制度以及它们如何相互影响。通过这种理解，可以更好地解释人类社会的各种现象，如社会不平等、文化变迁和权力结构等。第二种观点认为，社会科学的目标应当是改善社会的福祉。这意味着通过研究社会问题，找到解决方案，为社会进步和政策制定服务，进而改善人们的生活质量。第三种观点认为，社会科学的目标是揭露和批判社会中的不公正和权力结构，推动社会解放和变革，促进社会的公平和正义。

然而，这些对于社会科学的核心功能的观点和讨论只字未提"制度设计"，似乎把制度设计置于"盲区"或者避讳莫及。笔者认为，这些观点都只片面地反映了社会科学的核心功能的某一方面，而忽略了其更为重要的方面。社会科学工作者如果视"制度设计"为盲区，社会科学范畴如果不包括"制度设计"，则将误入歧途。这是因为社会科学的根本目的是揭示社会运行规律，通过设计精良的制度来改善社会福祉，并及时纠正和批判不良制度。就像自然科学家和工程师设计工程图纸或精良机器设备一样，社会科学家以及社会科学工作者需要通过各类社会科学研究来实现其核心效能，最终设计出精良的制度，规范社会成员的行为并促进社会的良性运行。

各类社会科学研究为制度设计提供了理论基础。通过对社会现象的分析和解释，社会科学为理解社会结构、行为模式和文化规范提供了重要的理论框架。这些理论帮助政策制定者理解社会问题的根源和可能的解决方案。通过实证研究，社会科学工作者可以评估政策的有效性和影响，为政策改进提供依据。例如，政治学和公共管理学研究可以研究分权和多元化的设计来防止专制集权；经济学研究可以帮助评估税收政策的经济效应；社会学研究关注社会不平等和不公正现象，通过揭示这些问题的深层原因，帮助设计更加公平的制度。总体而言，社会科学研究为制度设计提供了科学依据、理论指导和实证分析，帮助实现更有效的社会管理、更公平的社会分配和更高质量的公共福利，最终实现社会的稳步发展和文明进步。无疑，制度设计理应纳入社会科学的核心功能，社会科学范畴的"制度设计"亟待受到重视。

本书的主标题"文化生态中的制度设计"意在突出制度设计是与特定文化生态密切相关的。社会科学工作者在进行研究时，不可避免地受到历史条件、文化信仰和社会环境的影响，因此所有制度设计都是在特定的文化生态中形成。本书的副标题"近距离观察美国社会运作"，是通过作者的亲身经历，以社会学视角观察美国社会如何通过制度设计和改良实践来调整和纠错，推动其良性运转的。同时，也从一个侧面反映出美国的市场经济文化及其倡导的自由、民主和平等理念在制度设计中的深刻影响。

本书共收录了二十篇短文，分为两部分。第一部分的十篇短文和案例讨论了市场经济运行中的制度实践，第二部分的十篇短文和案例则介绍了校园文化中的制度规范。作者通过描述零距离体验的具体案例，反映了各类相关制度的主要特点和功能，并反思了制度设计中的各种弊端。

例如，第一部分的第一篇文章讨论了"小政府"如何应对自然灾害。文章描述了一场暴风雨袭击美国某城市，许多住宅遭受严重损坏。作者原本期待市政府派出救援队，但市政府却告知他需自行联系保险公司。整个过程中，市政府并未干预，所有救援和重建工作均由私人企业和保险公司负责。作者观察到，美国社会依赖于保险公司和承包商的专业服务，政府角色相对淡出。文章进一步探讨了"他组织"和"自组织"的概念,认为"自组织"是社会成熟的重要标志。一个社会具备强大的"自组织"功能,意味着能够在没有外部干预的情况下,自行处理复杂问题并维持秩序。政府在此过程中应扮演支持而非主导的角色,减少对社会的直接干预,让社会自身发挥更大的作用。

第一部分的第六篇文章探讨了报税机制如何实现差别化"二次分配"。文章讨论了美国个人所得税制度的复杂性及其对社会的重要影响,强调了其在"二次分配"中的作用。美国税收制度通过各种扣除、抵免和补贴重新分配财富,以实现社会公平。这些措施考虑到每个纳税人的独特情况,使得税收制度能够适应不同个人和家庭的财务状况。美国税收制度是一个历经多个世纪发展的产物,通过将税收与社会大众福祉联系起来,促进了现代民主国家的崛起,表明更加成熟的税收制度能够促进社会公平和高效治理。

第二部分的第四篇文章讨论了美国高校如何贯彻"师资培训的制度"。美国高校在教师培训方面实施系统化、规范化的全方位培训,旨在确保教师队伍的质量,提高教学和科研能力。培训种类包括强制性培训、岗位职务培训、科研培训和教学技术培训。强制性培训由学校人事处组织,涉及伦理操守、信息安全和性骚扰防范等方面的规定。岗位培训则由相关部门负责,内容包括就业和教育的反歧视政策,确保系主任等岗位工作人员对相关政策有深入了解。科研类培训由学校的研究与资助项目办公室负责,涉及研究资助申请、学术诚信、人类受试者保护等内容,所有科研人员必须完成合规培训才能参与研究项目。教学技术培训由教师卓越与创新中心主导,主要提供计算机技能、在线课程设置等应用性培训,旨在提升教学质量。美国高校对教师行为有严格的监督和约束，确保每位教师明确行为规范和科研教学的基本要求。

第二部分的第十篇文章探讨了美国大学生的"个性化"如何与"异质化"社会相关联。文章比较了中美大学生的差异，重点探讨了美国学生的核心特征——"个性化"。文章从物质条件的比较入手，进一步分析了这些差异所反映的更深层次的文化和制度异同。在美国大学的文化生态中，"学分制"等制度得到了充分的实践，该制度允许学生按照个人意愿和人生节奏完成学业，从而培养个人责任感和独立性。美国高等教育中的个性化概念与更广泛的社会价值观和"异质化"社会相一致，这些价值观优先考虑个人自由、民主和平等。这种方法培养了学生独立选择和发展独特才能的能力，最终有助于建立一个重视个人责任和自我更新的社会。

需要说明的是，本书所列举的个案均基于作者的亲身经历和零距离观察。这些案例并非一定具有普适性，其是否能够得出一般性或总体性的结论，仍需读者自行判断。本书中的所有文章此前已陆续发布于作者的微信公众号，本次出版是对这些文章的整理和系统化，旨在表达作者对制度设计重要性的思考和理解，并呼吁社会科学工作者更加重视社会制度的设计，深入探讨社会良性运作的规律，造福社会。

上编

市场经济环境中的制度实践

"小政府"如何才能轻松应对自然灾害？

本篇概要

　　文章描述了作者的如下经历：暴风雨发生在达拉斯附近的一个大学城，作者的家受到了严重损坏，屋顶被树木砸出了大洞，家中被水淹，停电导致通信中断。这时，作者自然地想到了在中国时的做法，期望市政府派救援队来帮助。然而，当他联系市政府时，却被告知要自行联系保险公司。这种政府"轻描淡写"的反应令作者感到诧异。在拨打保险公司电话后，工程承包商迅速到达现场，主动提出帮助修复房屋。承包商专业高效地评估了损失，列出了详细的修复清单，并与保险公司协调支付事宜。整个过程中，市政府并未出面干预，所有的救援和重建工作都由私人企业和保险公司负责。这种高效的应急响应机制和自组织能力使得灾后重建顺利进行。两个星期后，作者的家完全恢复了原貌。作者在这个灾后重建的过程中观察到，美国社会依赖于保险公司和承包商的专业服务，政府角色相对淡出。这种情况与作者在中国的经历形成了鲜明对比。在中国，政府在应对灾害时通常扮演着主导角色，动员社会资源并直接参与救援和重建工作。这种高度依赖政府的模式，使得民众在遇到问题时，第一反应就是求助政府。文章进一步探讨了"他组织"和"自组织"的概念，

> 认为"自组织"是社会成熟的重要标志。一个社会具有强大的"自组织"功能，意味着社会能够在没有外部干预的情况下，自行处理复杂问题并维持秩序。而政府在此过程中扮演的角色应是支持而非主导，减少对社会的直接干预，让社会自身发挥更大的作用。

好几年前，我亲身经历了一次特大暴风雨，此后才知道，美国社会是如何应对自然灾害的。那时我住在达拉斯近郊的一个大学城区，所住的小区遇到了30年未遇的暴风雨（龙卷风），那条街左右两排房子有好几十家都遭殃。我家屋顶的一部分被门前的百年大树翻倒后捅了个大洞。那天晚上又是风又是雨，雨水顺着屋顶的大洞进到了屋内。客厅地毯全部浸在了水里，会客室的沙发、钢琴也被雨水冲刷，房间里漆黑一片。那天仅太太和我在家，儿子住校。由于停电，手机也没信号，我想打电话与外界联系都不行。只能点着蜡烛守在另一间卧室里。只听窗外风声阵阵，夹着暴雨咆哮的轰鸣声，提心吊胆地担心整幢房子将会瞬间坍塌。第二天，天蒙蒙亮才有了手机信号，我赶紧与儿子联系。他说学校以及周边都没事，我们也就放心了。可是自家屋内一片狼藉，真有点束手无策。

凭着中国人的惯常思维，当时我的即刻反应就是想到市政府。市政府应该知道我们小区发生的灾害吧，因为毕竟不仅仅是我一家呢，他们也该派救护队之类的到我们灾区来救助慰问吧。眼下这里整条街的十几家房舍都受损，停在街上的汽车都被砸了，大家几乎都动弹不得。我家的前门被那棵翻倒的大树压着，人都没法进出。从窗户看看门外街道，几乎没有动静。等了好长

遭遇暴风雨后的街区场景

时间,才看到有警车驶来,可也没见有人下车就离开了。我思忖着那也不能光等着,得向有关部门报告一下,于是先打电话给市政府。电话拨通了,然而得到的回答却是"你们自己找保险公司"。咦,怎么就这么轻描淡写地应付了事?于是我马上翻出我的房屋保险公司的电话打过去,把这里受灾的情况向对方简单描述了一下,保险公司的电话接线员说他们已经知道情况,会尽快派人前来记录灾情。同时提醒我们可以尽快联系工程承包商来进行灾后重建事宜。啊,自己找承包商?我有点纳闷。由于来美国后第一次遭遇这类灾情,我还真有点不知所措。

正在纳闷的时候,只见街道上来了不少人,正挨家挨户地敲门,跟住户说着什么。有几位冲着我家走来,等他们帮着挪开了门前的树干后,我才可以走出来与他们交谈。其中一位老师傅说有什么需要帮忙的,他们可以提供我所需要的。于是我才明白原来他们就是工程承包商。他们是从广播电视里了解到这里发生的情况，马上驱车一个多小时从另外一个城市赶来的。由于他们就是这方面的专业户（有承包工程的资格证书），因此哪里有灾害，他们就会赶赴哪里，毫无疑问这也是他们养家糊口的饭碗和生财之道。于是我和承包商提出要修复砸坏的屋顶，更换泡水的地毯和沙发，处理受潮的墙壁等。承包商仔细查看了受损的情况，便折回到他们的车上。不消十来分钟便从随车携带的电脑上打印出一份近十页的清单，列出了所有的材料费和人工费（按模板填充即可，价格都是市场统一规定的），并估算了工程所需要的时间。我粗粗看了一下，清单上所列项目基本上把受损的部位都提到了，于是便签字同意，并问及如何支付此费用。那位承包商说："你只要把你的房屋保险公司的账号和电话给我即可，所有事项我们会与保险公司联系，不必你直接参与。"于是灾后重建计划就这样落实了。后来才知道，其实那天来了好几个承包商，他们之间也有竞争，各工程队的承包能力和价格标准都不同，他们会看灾害的程度量力而行，当然出价也不同。其实那天我也没作比较，正好碰上那家也就谈妥了。

灾后第二天，我正好要去外州参加一个学术会议，就由我太太在家看管。数天后我回到家，看到好几位工人还在忙乎着。有在屋顶上干活的，有在刷墙壁的，也有在锯木的，显然工程仍在进展中。看看周围许多邻居家门口也都正在"大干快上"，好一派灾后重建的景象。十来天后，我家的工程终于全部完工了。承包商问我对工程是否满意，我在屋前屋后屋里屋外转了一圈，觉得一切都已恢复到灾前的样子了，屋顶上绛红色瓦片也已全部更换，外墙粉刷一新，感觉比原先的更好看。于是，我感谢承包商和队员们半个多月的辛苦劳作后,承包商拿着我已签字的合同走了。一周后,有保险公司派来的第三方检查人员上门,询问工程质量问题,并让我填写了一份表格。数天后我收到通知,工程所需要的总共2万多美元已由保险公司直接转给承包商了,而我则连一美分都不用花。

回顾整个灾后重建过程,除了我和承包商以及并未出场的保险公司之外,没有市政府官员露面,也不见社区委员到场。看到有警车驶过现场,但并未停车探查寻访。倒是有附近教会里的好几位志愿者前来送水和点心,不收分文。这场灾后重建在两周后拉下了帷幕,然而这场景却时时在我脑海闪现:在这场"戏剧"里,台上和幕后仅有的三位角色——受灾者、承包商和保险公司各自按设定的脚本扮演角色;没见政府官员发号施令,也没有发动群众以及鼓动性的标语口号和集体行动。政府显然轻松得很,已然成了台下的观众。我似乎从中悟出了一个道理:这不就是国人近年来常常讨论的"小政府,大社会"或"社会建设"吗?

过去由于我们长期生活在政府包办一切的社会情景中,把领导视为"父母官"的意识形态深深扎根于人心,这似乎成了社会主义优越性的重要标志。于是就出现了生活中遇到一切问题,百姓的第一反应就是找领导,找政府的情况。甚至在异国他乡的我,在遇到此次灾害时的第一反应也是如此。毫无疑问,那正是因为几十年来的实践经历与惯性思维造成的。记得曾有类似的笑话,改革开放初期,不少股民在股市中输钱后,就到市政府门口静坐要求讨回损失,类似的怪事时有发生。虽然这些年来,这种情况已大有改观,但由于政府体制未能根本转型,"社会建设"仍然还不健全,当发生了一些不测之事,无责任人和担保人可寻,最后也都只能由政府买单。说到底,这就是社会缺乏"自组织"（self-organizing）功能。

德国理论物理学家赫尔曼·哈肯（Hamann Haken）认为，从组织的进化形式来看，可以把它分为两类："他组织"和"自组织"。一个系统靠外部指令而形成组织，就是"他组织"；不存在外部指令，系统按照相互默契的某种规则，各尽其责而又协调地自动地形成有序结构，就是"自组织"。因此，研究"他组织"向"自组织"转化其实就是研究复杂自组织系统（生命系统、社会系统）的形成和发展机制问题，即在一定条件下，系统是如何自动地由无序走向有序，由低级有序走向高级有序的。以系统论的观点，"自组织"是指一个系统在内在机制的驱动下，自行从简单向复杂、从粗糙向细致方向发展，不断地提高自身的复杂度和精细度的过程。自组织现象无论在自然界还是在人类社会中都普遍存在。一个系统自组织功能愈强，其保持和产生新功能的能力也就愈强。可见，一个社会具有了"自组织"功能，即意味着社会走向成熟及其高级形态。

倡导"社会建设"就是倡导社会"自组织"的功能及其培育。"社会建设"已经日益为我国各级领导以及普通百姓所重视。然而，"社会建设"不是一蹴而就的，它也需要相应的"配套建设"。比如：财产保险、承包商、合同信用体系等，更重要的是人们的观念变革（包括产权观念、保险意识、公民意识等）。过去人们习惯于"从上到下"的行政管理体制和政府包办一切的做法，只有政府发号施令，才能推动某项任务的完成。于是，便无从谈及"小政府化"或"去政府化"制度设计了。况且，政府的各部门有着众多大大小小的领导，其结果必然是忽略了"社会"自身。

无疑，面临各种突发的自然灾害（超大型的、覆盖局部地区的、超严重自然灾害除外），"成熟"的社会体制最能体现其社会

"自组织"功能及其内在机制的强大活力。而处在"童稚"时期的社会，则更多地依赖"父母官"，需要运用动员机制以及集体行动来推动某项任务的完成。换句话说，如何应对自然灾害是衡量社会是否走向"成熟"的重要指标。政府在某种程度上"不作为"或"少作为"，而让社会自己去作为，让社会自动地"化无序为有序"，恰恰体现了社会"自组织"的强大活力以及成熟的内在机制，而只有这样，才形成"小政府，大社会"的基础。相比之下，我们的许多做法也许还未摆脱"强政府，弱社会"的模式，因此，社会发育还处在"童稚"阶段。有人戏言说，"大政府"之下，"孩子"（社会）长不大。要使社会走向"成熟"，让社会"自组织"的功能发挥作用，恐怕还得从"蹒跚学步"开始，慢慢摆脱"父母"（政府）的帮扶，这样社会才能茁壮地发育长大，走向成熟。

概念提要

▶ **自组织（Self-organizing）**

"自组织"是指一个系统在没有外部干预或指导的情况下，通过内部因素和规则自动进行调整、协调和发展，从而形成有序结构或功能的过程。自组织现象广泛存在于自然界和人类社会中，比如生态系统的平衡、市场经济的调节以及社会团体的自发形成等。

核心要素

（1）内部驱动：系统的发展和变化是由内部的机制、规则或相互作用推动的，而非依赖外部的控制或指令。

（2）复杂性和动态性：自组织系统通常具有高度的复杂性，

能够在变化的环境中动态调整自身结构和功能。

（3）局部互动和全局涌现：系统的全局行为是通过局部单元之间的简单互动而涌现出来的，这些互动可以是合作、竞争或其他形式的关系。

应用实例

生态系统：动植物之间的相互作用通过捕食、竞争、共生等方式自动调节种群数量，维持生态平衡。

市场经济：通过供需关系和价格机制，市场自动调节资源配置，实现经济的自我平衡。

社会组织：社区或社会团体可以自发形成，通过内部成员的协作和互动解决问题，实现目标。

▶ **社会建设（Social Construction）**

"社会建设"指的是社会系统、结构、制度和文化的构建和发展过程。它包括政府、非政府组织、企业和公众等多方力量，通过合作和互动来创造和维护社会秩序、促进社会进步和解决社会问题。

核心要素

（1）制度建设：包括法律法规的制定、政策的实施以及治理结构的完善，确保社会运作的规范性和有效性。

（2）公共服务：提供教育、医疗、公共安全等基本社会服务，满足社会成员的基本需求，提高生活质量。

（3）社会参与：鼓励公民参与社会治理，推动社会问题的解决，增强社会凝聚力和参与感。

应用实例

社区发展：通过政府和居民的共同努力，改善社区基础设施，提升居民生活水平，增强社区凝聚力。

扶贫工作：政府与非政府组织合作，实施扶贫政策和项目，帮助贫困人口摆脱贫困，提高社会整体福祉。

社会保障体系：建立健全社会保障制度，保障社会成员的基本生活需求，促进社会公平。

▶ **小政府（Small Government）**

"小政府"是一种政府治理理念，主张政府在经济和社会生活中的角色应尽量减少，强调通过市场机制和社会自组织功能来解决问题和分配资源。小政府的目标是提高行政效率，减少政府干预，鼓励个人和企业的自主性和创造性。

核心要素

（1）政府职能精简：小政府通常关注核心职能，如国防、司法和基础设施建设，而将其他职能外包给私人部门或社会组织。

（2）市场主导资源配置：鼓励自由市场竞争，减少政府对经济活动的干预，让市场机制自动调节供需关系。

（3）个人和社区自主：提倡个人和社区的自我管理和自主发展，减少对政府的依赖。

应用实例

政府私有化：通过私有化国有企业和服务（如邮政、电信、能源），减少政府直接管理的范围和负担。

减少管制：简化企业的行政审批程序，减少法规和行政干预，降低企业运营成本，促进市场活力。

社区自治：通过社区委员会或自治组织，鼓励社区居民参与社区管理和决策，提高公共服务的质量和效率。

小城"业余市长"是如何产生和行使其职责的?

本篇概要

文章详细介绍了在美国通过兼职担任市长的现象,以及这种制度设计对社会治理的影响。作者通过个人经历和观察,揭示了美国市长与中国传统观念中市长的不同。作者从一个特别的例子入手,讲述了儿子的高中仪仗队指导老师竞选市长的故事。这位老师同时还是一个小城市的"业余市长"。"业余市长"是指兼职担任市长,不领取工资,也称为"义务市长"。在作者的观察中,市政府规模小,设置简单,市政厅主要包括一个接待室、几个办公区和一些相关部门,如民政、环保和维修部门。尽管市长有自己的办公室,但他并不需要每天上班,只有在需要时才会出席会议。市长的主要职责是主持市议会会议和签署行政法规,日常事务由城市经理处理。这种制度设计不仅有效划分了权力,还杜绝了腐败,使得市长更关注市民的利益。通过对"业余市长"现象的探讨,作者揭示了美国小城市的治理模式和制度设计的重要性。这种制度不仅保证了市长的权力受限,还体现了对市民的服务和奉献精神,是对"成人之美"的实践。这样的制度设计不仅促进了社会的良性运转,也成就了个人实现社会梦想的可能。

"业余"和"市长"两个没有关联的词竟可以放在一起,没搞错吧?只听说过"业余工匠""业余演员"等,可从来没听说过"业余市长"呢。可是在美国,人们的想象完全被颠覆了,"业余市长"还真有其人其事。

引起我对"业余市长"好奇的是多年前我儿子还在读高中时的一件事。听儿子说他们学校的仪仗队指导老师(Mr. Ashcraft)准备竞选他所居住的一个小城市的市长,那个城市离这里开车大约一个多小时。高中老师竞选市长这倒是新鲜事。我好奇地问:"他不再做你们的指导老师啦?"儿子说:"是做老师的同时,兼任'业余市长'。"那天下午学校放学,我开车去接儿子,特意与这位老师见面。他中等个子,厚墩身材,满脸和气。我顺便问他:"听说你准备竞选市长?"他憨笑着回答:"试试看,那是我从小的梦想。"我问道:"这不影响你现任的仪仗队指导老师的工作么?"他答道:"不,不会有太多的事,只是业余兼职。"

业余兼职市长,顾名思义,就是"零工资",也被称为"义务市长"。那么,业余兼职市长是怎么行使职权的?光有热情而没有这方面的工作经验能行吗?带着这些疑问,我对我所居住的大学城的市政厅及其机构设置进行了一段时间的考察,并了解有关市长的情况。我居住的大学城,居民人口加上大学校园里的师生总共也只有三万多人。市长也确是兼职的,工资为零。现任市长的正业是房屋经纪人,工作就是给准备购房者开门看房,介绍房产,赚取中介费。这里的市政厅是一座一层楼的建筑,进门就是接待室,其中包括一个收费窗口和几个分隔办公区。再往里走则有会议厅和几间办公室,分别是市议会厅、民政、环保、维修等部门。规模不大,但非常整洁。由于城里的银行、商业、工厂、文化传媒和土地基本为私有,市政府除教育、卫生和市政等

小城市的市政厅外观

公益事业外也无须设置过多的职能部门和相应的办公室。市长虽然有自己的办公室,但不必每天上班,只在市议会开会或投票表决时到场。另外,市长也有每周相对固定的几小时的办公时间。紧邻市政厅的是消防部门,有几辆崭新的消防车。其他一些协会,如商会的办公室都不设在市政厅,而是在邻街的其他建筑内。

我心存好奇地试探着向市政厅办公人员要求预约与市长见面,居然预约成功。几天后,我在市长办公室里与市长见面,详细了解市政府的结构与功能。市政府的最高决策层是市议会。市议会由市长和四个议会成员组成。议会成员通常由该市的资深人士或相当有名望的市民竞选产生。市长则是通过自我推荐报名,参与竞选产生,上任后并不领取工资,属于"义工"。议会成员和市长任期均为两年。市长和市议会的功能是制定地方立法,为

小城竞选市长和市议员的招牌

本市商务和城市未来发展提供政策支持，检查有关年度预算和条例，维护公共卫生、安全和福利的决策或决议等。市议会在每个月的第三个星期二的下午6点召开，所有的市议会都对本地居民开放。会议全程由KETV电视（本地电视台）第三频道播出。市议会期间有大约15分钟公众演讲的时间，允许参会市民对有关政策决议表示赞成或反对，或问责有关的社区事务等。每位市民的演讲一般被限制在3分钟内。

市议会所聘用的城市经理（City Manager）则是有年薪的。城市经理通常由专业人士担任，通过社会招聘产生，负责城市的日常事务以及所有行政政策的执行。城市经理由市议会任命，直接对市议会负责。根据有关章程，城市经理有责任向市议会提出年度预算。经批准后，便按照批准的预算及其指导原则来执行。此外，市政府还设有城市秘书（City Secretary），主要负责该城市的所有文件资料。城市秘书负责保障所有官方记录，包括条例、决议、合同和协议。制订市议会的议程和会议记录也是城市秘书的工作。

由于市长的主要职责是代表"一市之长"主持市议会，并签署和公布行政法规，接见市民等。因此，与我们因袭概念中的"市长"完全是两码事。市长的不少职权由作为行政长官的城市经理取而代之。而城市经理是由市议会任命的，其权力也只限于按市议会通过的规定把有限的资金分配给同样有限的职能机构，严格按明确的法律授权行使"治权"，显然，其权力也是"被关进笼子里"的。正巧那年，我有一位朋友打算在我们这个小区购房，我陪他一起去房产公司找中介，出来迎接我们的正是那位几星期前我采访过的"业余市长"。他很热情地接待我们，提供了许多房屋的信息和照片，并开车带我们去看了几家我朋友有意向的房产。这场景令人惊讶，可在这里却发生得真真切切。

我所在的大学城规模小，其机构设置与管理模式并不能代表美国的大城市。然而，绝大多数美国人都生活在全美成千上万个类似的中小城市。而这些大大小小的城市都有五脏俱全、功能完备的市政府和市议会，也都有"市长"或"城市经理"等功能性职位。虽然，各州各市的编制和机构不尽相同，市长也不完全都是零工资，但几乎都大同小异。其基本特点是：

（1）市长和市议会由市民选举产生，并形成其城市的最高决策层；

（2）不存在高于市议会之上的任何直属领导；

（3）市长和州长、州长和总统之间都不存在任何上下级隶属关系，罢免撤换或弹劾都必须由当地议会来行使；

（4）作为行政长官的"城市经理"由市议会任命，并对市议会负责。

　　城市运作的经费开支基本取之于本地企业的营业税及拥有住房的住户之房产和土地税收，无须州政府和联邦的拨款，只有教育、卫生开支，以及跨市、跨州等交通水利等基础设施建设项目等，有来自州和联邦政府拨付的部分经费。因此，居民在本市居住、劳作就是市政府的财源，纳税人自然成为城市的主人。市长心目中也只有本地的市民。市长在执行公务时，与任何级别的州长甚至部长基本不相干。不仅是市政府，也包括州政府，其在处理本地社会公共事务过程中，基本上不需对中央（联邦）政府的任何相关部委负责，仅需对本地议会和选民负责；而本地议会的一切活动则严格受制于早已根据联邦法律精神制定的地方法律法规。在美国，无论城市大小都一样高度自治，不存在行政级别。即使有联邦重大投资项目，州或市政府各自常驻国会或州议会的参议员、众议员都可通过依法博弈去获取。

　　毋庸置疑，"把权力关进笼子"其根本还在于制度设计。完善合理的制度不仅能划分权力，规范运作，还能杜绝贪官，彰显清廉。除此之外，似乎还可以加上一条：成人之美。此语出自《论语·颜渊》："子曰：'君子成人之美；不成人之恶。小人反是。'"翻成白话即是："君子能成全别人实现其美好的愿望，而不是助其做坏事。而小人则反之。"良好的制度犹如"君子"，它能"成人之美"。不仅能"委人以重"，亦能"逮人以恶"。美国小城市的"业余市长"何尝不能看成是"成人之美"的制度性实践？在这样的制度设计中，人的奉献精神，以及对社会公益的热情和态度决定一切。由此再来看"业余市长"的放大版——曾任纽约市长12年的布隆伯格，每年只收取象征性的1美元薪金，就不难理解其制度设计和运作了。

几个月之后，听儿子说他的仪仗队指导老师竞选市长获得成功并正在履职。在儿子的高中毕业典礼上，我再次看到了那位仪仗队的指导老师，他正在舞台上指挥着乐队表演。我脑海里似乎隐隐出现他所兼任"业余市长"的形象：主持市民会议，签署议会决议，听取市民反映，考察民意民情……而所有这一切都只是对社会公益的无偿奉献。他以自己的热情和努力实现了他少年时服务社会的梦想，也成就了其人生之美。他的成功当选使我感到可庆可喜，他的奉献精神也令我感到可敬可佩。

概念提要

▶ 城市经理（City Manager）

城市经理是在美国和其他一些国家的市政管理制度中，负责城市行政管理的专业人士。通常由市议会任命。不同于民选的市长，城市经理主要负责城市的日常运作和行政事务，确保政策的执行和公共服务的提供。主要职责包括：

（1）行政管理：管理城市的所有行政部门和员工，制定和实施行政政策，确保城市的日常运作顺畅；

（2）预算管理：编制年度预算并提交市议会批准，监督资金的使用，确保财政健康；

（3）政策执行：执行市议会制定的政策和决议，确保城市政策和法规的落实；

（4）公共服务：监督城市的公共服务和基础设施建设，确保市民得到有效和高质量的服务；

（5）市议会报告：定期向市议会报告工作进展和城市事务，提供专业建议，协助市议会做出决策。

城市经理制度在市政管理中强调专业化和行政效率，避免了政治因素对城市行政管理的干扰。

▶ **市议会（City Council）**

市议会是一个城市的最高立法和决策机构，通常由民选的市议员组成。市议会在城市治理中扮演着至关重要的角色，负责制定地方政策、法律和条例，并监督城市行政的运作。主要职责包括：

（1）立法职能：制定和通过地方性法律、政策和条例，确保城市管理合法有效；

（2）预算审批：审查和批准市政府提交的年度预算，确保城市的财政资源得到合理分配和使用；

（3）政策制定：制定城市的发展政策，规划城市的未来发展方向，涉及领域包括土地使用、公共安全、基础设施等；

（4）监督职能：监督市政府和城市经理的工作，确保其按照市议会的政策和决议执行，保障城市的合法和高效管理；

（5）公众参与：听取市民的意见和建议，促进公众参与城市管理，反映市民的需求和利益。

市议会在市政管理中起着核心作用，是城市治理的关键决策机构。

▶ **商会（Chamber of Commerce）**

商会是一个由商界人士和企业组成的非营利性组织，旨在促进商业活动、支持企业发展和代表商界利益。商会在城市和社区经济发展中发挥着重要作用，主要功能包括：

（1）商业促进：组织和支持各种商业活动，如贸易展览、商业研讨会、交流会，帮助企业拓展市场，促进商业发展；

（2）政策倡导：代表企业和商界利益，向政府机构提出政策建议，影响公共政策的制定，推动有利于商业发展的法规和政策；

（3）资源共享：为企业提供信息和资源共享平台，促进会员企业之间的合作与交流，共享市场信息和商业机会；

（4）培训支持：提供各种培训和教育服务，提升企业管理水平和员工技能，支持企业的持续发展；

（5）社区服务：参与和支持社区发展活动，推动经济和社会的全面发展，提升社区的商业环境和生活质量。

商会通过促进商业合作和创新，增强了当地经济的活力和竞争力，是企业与政府、社区之间的桥梁。

价格机制是如何在良性"市场生态"中运作的？

本篇概要

美国的市场生态强调买卖双方在市场中按游戏规则办事，买方（消费者）可以通过比较，选择最优的产品和服务，获得利益最大化。卖方（企业）则通过竞争，提供更具吸引力的产品和价格。这样的市场环境，不仅保护了消费者的利益，也推动了企业不断改进和优化服务。市场经济中的价格机制是关键，价格的高低不仅反映了市场供需，也引导了买卖双方的行为。消费者可以选择最具性价比的商品，而商家则要在激烈的市场竞争中争取更多的客户。政府不直接干预市场定价，但通过法律和规章保护市场的公平竞争机制，维护市场生态的健康运行。此外，行业协会在调节市场价格、保障商品质量方面也发挥了重要作用。像花旗银行的"超价退款项目"，在保障消费者利益的同时，也揭示了价格竞争中的问题。大多数商家提供无理由退货服务，谷歌（Google）的购买保护机制进一步提高了消费者的购物安全感。美国市场经济的良性运行依赖于良好的市场生态环境。政府通过法律法规，确保市场的透明和公平，打击违法行为。市场的定价机制、行业自律和政府的适当监管共同构成了美国市场生态的重要部分。

人们常说，美国是一个购物天堂，消费者在这里可以买到物美价廉、质量可靠的商品，此话不假。最近一件不足挂齿的小事，让我感悟到了美国的市场生态及其对消费者利益的实质性影响。

那天我收到一封信，打开看后，发现内容是F保险公司介绍其有关房屋保险和责任理赔以及收费标准等。在美国，如果你购买了房子，常常会收到此类信件。就像铺天盖地各类免费广告杂志、报纸，你不必太关注，除非有需求。然而，这封信却吸引了我，原因是这家F保险公司有比较好的声誉，而且收费合理。于是我查看了我现有的房屋保险单。两家作了对比，居然比我目前投保的A公司要便宜不少。不仅价格低，而且保险项目还多了不少。于是，我打电话给F公司代理商详细了解有关保险项目以及转移手续等。并问及如果我在A公司的保险尚未到期，是否会因提前退出而被扣款。F公司明确表示"They can't"（他们不能扣款），只要有客户签字文本，随时可以转换。而且A公司还有义务将尚未用完的余额如数退还。整个转换过程不需要客户参与，完全在两家公司之间进行。于是我决定把房屋保险转移到F公司。F公司代理商随即发来电子邮件并附上有关保险书以及需要转移的签字单。

第二天，我特意打了电话到A公司对提前退出原保险计划表示歉意。A公司代理商和气地表示已收到F保险公司的传真文件，并问道："很遗憾不能继续为您服务，是否我们的服务不好，或价格不合适？"我只简单地说另一家公司提供了更优惠的保险计划，故而转出。对方继续说："我们会把你在本公司的保费按天数计算后，尚未用完的部分返回到你的银行账户里的。"几天后，我的银行账户显示余额已进账，我在A公司的保险费用已结清。于是，我在保险公司之间的市场竞争中作了优化选择，并顺利地从Ａ公司转到Ｆ公司，在房屋保险的连续性上实现了"无缝对接"（Ａ公司的保险服务从该日午夜停止，Ｆ公司则从次日零点开始），一切显得如此干净利落，只需要一个电话搞定。

从这一典型案例可以看到，买方（客户）通过所获得的信息，在两家卖方所提供的服务中，按最优化原则作出选择，获得了价格和服务上的利益。卖方（Ａ公司和Ｆ公司）则在市场竞争中，打了个价格和服务条款的擂台，优者取胜，市场规律中优胜劣汰机制得到了体现。两家公司之间均未因为"抢生意"而恼羞成怒，卖方Ａ公司没有因为买方退出而存心刁难；也没有因为保险未到期而予以扣款（后来知道合同中并没有这样的规定）。可见，市场中的买方和卖方之间，以及卖方与卖方之间都按游戏规则办事，不需要"走后门"或"找关系"，完全是按契约行事。换句话说，如果你不按游戏规则办事，你就被淘汰出局。这种市场中的优胜劣汰，适者生存，不正隐含了生态学的意义吗？

"生态"一词，在自然科学词汇里本身只是个中性名词，它是一个系统概念，是指在自然界一定的空间内，生物与环境构成的统一整体。在这个统一整体中，生物与环境之间相互影响、相互制约，并在一定时期内处于相对稳定的动态平衡状态。比如植物的生态环境包括土质、养分、阳光、水分、空气等综合的外部条件，在生存中获得相对优势者能够发展得更好更快；反之则衰败消亡。同样道理，市场得以运行的基本条件和外部环境也构成一种生态。一个成熟的市场经济制度，一种良性运行的市场交易机制必须是存活在这样一种市场生态下：这种生态必然给供给方企业（卖方）生存带来挑战，促进优胜劣汰；这种生态也必然给需求方客户（买方）带来更多选择的机会，从而获得实质性利益。

植物生态系统中普遍存在一种"趋光性"。好比向日葵始终朝向阳光。植物的"趋光性"是一种应激反应，也是其自然本能。因为光源对于植物生长十分重要，即使在其他条件相同的情况下，充足的阳光可以帮助植物进行更多的光合作用。而市场主体的买卖双方都有着"趋利性"，这也是其本质属性和本能反应。因此市场生态中的关键因素在于价格，价格机制也是市场机制的核心。买卖双方都基于利益最大化而参与市场交易，买方希望获得最好的性价比（物美价廉）；卖方则争取最佳的投入产出（最大利润）。因此，价格在很大程度上决定买卖双方最后是否成交，甚至在某种程度上决定企业的成功与否。

在美国，围绕价格竞争而呈现的市场生态现象随处可见。最常见的就是汽油价格，有时每天一个价，完全由市场调节。今天是1.86美元一加仑，昨天可是1.92美元呢，或许明天又是不同的价格。如果你开着车走一段路，那必然可以看到，某一地区的许多加油站的油价都不一样，但比较接近。如果你不按市场调节，价格太高，人家就不买你的汽油。市场上没有谁能垄断油价。

其实，从理论上讲，市场就是由买方与卖方的"契约"构成的。市场只是一个平台，这平台上只有买方和卖方，买卖双方都得按"脚本"行事。买方有选择的权利，市场可提供无尽的选择；法律保护自由选择机制，使得消费者获得最大利益。卖方有竞争权利，市场提供企业间无穷的竞争；而法律则保护自由竞争机制，使企业优胜劣汰。买方的购买行为，实际上相当于"投票"给所购买的商品。买的人多，则说明此商品受人喜欢，卖方能由此获益；买的人少，则说明此商品不受欢迎或价格太高，商家得考虑降价或厂家得停产。定价权掌握在市场手里，也就是由买卖双方的"投票"和"成交"来决定。于是，价格的高低很大程度上反映了市场供需信息，同时，它也引导买卖双方的市场交易行为。因此，自由市场经济这一平台本身不需要政府来充当任何角色。政府如果干涉定价系统，则使得市场信息失真，而最终酿成市场生态的不平衡，给消费者和商家都带来恶果。于是，"定价机制"几乎成了决定"市场生态"良莠的关键。

在美国，市场的定价机制中除了买方和卖方之外，确实还有"第三方"来协调这一定价系统，这也是市场生态的重要一环。然而，这个第三方绝非政府，而是行业协会，甚至本身就是商家。我亲身经历的近乎匪夷所思的一个案例也许可以给你启发。花旗银行有个"超价退款项目"（Price Rewind Program）。如果你用花旗银行的信用卡买东西，可以得到这一商品在市场上的最低价。你买的东西，如果在60天内发现别的商家售价比这一价格更低，你可以凭发票，要求花旗银行倒贴这一差价。真有这样的好事？零距离体验才能辨其真伪。去年我家的一个冰箱出了问题，检查后发现需要更换控制板。于是在大型网上"维修诊所"购买了这一型号冰箱的控制板，价格是138美元。但购买后不久，我在亚马逊（Amazon）查到，同样的货品，价格只要92美元。由于我正是用花旗银行信用卡购买的，为了证实这一"超价退款项目"的真实性，我便按要求在网上下载了有关的索赔表格，填写后即寄到花旗银行。不出所料，一个月后，46美元的差价返还到了我的账户里。

其实在美国，商品物价在各州各地以及各商家都有差别，但一般不会过大，5%—10%的差异属于正常，人们也不会为此"大动干戈"。如果差异过大，则有超低价竞争之嫌。而花旗银行的这一项目（按规定差价必须在25美元以上，而且是同一厂家的产品才可以申请退款）具有一箭双雕之功能：一方面鼓励更多消费者使用它的信用卡,同时也可以通过此手段来发现反垄断法机制中的超低价竞争商家。

美国的商品市场更为普遍的是退货机制。几乎所有大型商家都明确规定客户在规定天数之内(通常是15天、30天,甚至90天内)可以无理由退货,包括买了东西后因发现其他地方价格更便宜而退货(当然有些商品除外,比如食品等)。最近几年,谷歌建立了购买保护机制。顾客在实体店或线上店购买的东西,只要这些货品具有 Google Trusted Stores 的标志,即可放心购买。在购买此商品的同时,即免费获得了这项权利,其中包括可靠的购物体验、卓越的客户服务、优等质量的保证,以及退货保护等。如果买方有任何不满意的情况发生,谷歌作为第三方将提供高达1 000美元的购物保护。显然这些都是维护市场生态的重要措施。

上述例子表明,虽然定价机制是在买卖双方的市场交易中形成的,然而价格高得离谱或低如白菜时,都会受到制约。实质上,美国的制造商协会以及各种行业协会也发挥了重要的作用。行业协会的主要任务是维护卖方(企业)的正当权益,为他们提供情况交流、市场信息,并通过这种服务来加强与同业成员的密切联系。行业协会在沟通政府与企业的关系上也起到承上启下的桥梁和纽带作用。此外,美国大宗商品都是通过批发商渠道发货,因此零售商在定价上的余地相当小。除了专业批发公司(如美国电器批发公司)和分销商(集中采购低值日用品),还有仓储式会员制商场,如 Costco、Sam's Club 等。这些对调节市场的价格和确保商品质量都有着重要的作用。

那么在这种市场生态中,政府是否就可以袖手旁观了呢?答案显然是否定的。政府能够做的,而且能做好的正是维护市场生态，用法律来保障买方和卖方的利益，包括专利权、环境保护法、反垄断法等。美国的反垄断法（United States Antitrust Law）早在1890年就已见雏形，后几经修改。政府通过大众传媒对劣质商品加以曝光，打击虚假广告，以及扰乱市场信息而造成对市场生态的破坏等。美国政府维护市场生态，可以就以下案例从一个侧面来理解政府的部分功能，用形象的比喻就是："除杂草功能"和"清雾霾功能"。

所谓"除杂草功能"即制定相关标准系列，如不符合标准，则一律视为"杂草"，必须清除。比如，美国联邦政府设有明确的"食品召回监管机构"，它们分别是美国卫生部下属的美国食品药品监督管理局（FDA）和美国农业部下属的食品安全与检验局（FSIS）。当食品未达标准，生产者如不及时主动召回不安全食品时，上述监管部门可以对其采取法律行动，包括警告、曝光、强制性禁令、扣押或查封产品、刑事起诉等。美国对食品安全问题的惩罚力度之大是众所周知的，一旦被查出有不符合食品标准等问题，食品供应商、销售商将面临严厉的处罚和数目惊人的巨额罚款，常会直接导致公司倒闭，相关责任人进监狱。真有所谓罚得生产厂家倾家荡产，使其在这一市场生态的土壤中连根拔除之功效。

所谓"清雾霾功能"即对蓄意违法乱纪，扰乱市场秩序，污染市场生态的行径给予严厉惩罚。美国环境保护署曾指控德国大众汽车集团在其所产的车内安装非法软件、故意规避美国汽车尾气排放规定，而部分车辆的实际污染物排放量最高可至法定标准的40倍，违反了美国《清洁空气法》。大众汽车公司随后承认造假，蓄意欺骗美国政府的空气污染检测多年。这一丑闻曝光之后，该公司已认定涉嫌违规排放事件的柴油汽车数量可能达到

1 100万辆。大众汽车公司已被要求在美国召回涉及的近50万辆汽车，而这只是惩罚的开始。美国环境保护署表示，每一辆没有遵守美国《清洁空气法》的汽车可面临高达3.75万美元的罚款，这意味着大众汽车公司可能要交出高达180亿美元的罚款。此外，这家公司可能在美国面临严重的刑事指控。

美国的市场经济已经实行了数百年，其市场生态也经历了不断的培育改良，经过无数次纠错补缺，从而形成今天这样的"绿色"市场生态。营造市场生态需要时日，这是因为市场经济实行了，而市场生态并非自然而然地形成；而市场生态也不仅仅反映了市场交易行为，还反映了市场理念、市场规矩、市场监管等一系列配套机制，以及社会的文化和精神状态，包括人们的诚实守信，契约精神等，确实无法一朝一夕完成。然而，市场经济的良性运行必须是在良好的市场生态条件下才有可能实现。

生物发展史告诉我们，生物种类的灭绝往往是生态失衡所致。一个生物种类在良好的生态环境中能健康地成长，而劣质生态环境则致其病态，甚至于导致此生物种类的退化灭绝。所以，某一生物种类不能良好地生存，则需要思考生态是否有问题？是否需要改良？培育良好的市场生态对于保障消费者切身利益和提高生活质量之重要，也许不亚于治理大气雾霾对人们健康的直接危害之迫切。只有在消费者能获得物美价廉、质量可靠的商品之日，才是良性的市场生态形成之时。

概念提要

▶ **价格机制（Price Mechanism）**

价格机制是商品和服务的供求关系决定市场价格以及商品和

服务交换数量的系统。它是经济学中的一个基本概念，解释了市场经济中资源是如何通过价格信号进行分配的。当对某种产品的需求增加时，价格往往会上涨，从而鼓励生产商提供更多该产品；相反，当需求减少时，价格往往会下降，导致生产商供应减少。

主要特点：

（1）供需相互作用：价格由供应（生产商愿意销售多少）和需求（消费者愿意购买多少）的相互作用决定。

（2）价格信号：价格对消费者和生产者都起到信号作用。高价格向消费者发出信号，要求他们减少需求或寻找替代品，向生产者发出信号，要求他们增加供应或进入市场。低价则相反。

（3）资源配置：当价格引导资源分配走向其最有价值的用途时，就可以实现资源的有效配置。

（4）市场均衡：价格机制有助于市场达到供需平衡，确保资源既不浪费也不短缺。

示例：

在房地产市场，如果某个地区的住房需求很高，而供应有限，房价就会上涨。价格上涨可能会激励建筑商建造更多房屋，或促使卖家挂牌出售房产，从而随着时间的推移实现供需平衡。

▶ **市场生态（Market Ecology）**

市场生态是指企业运营的综合环境，包括影响市场行为和结果的经济主体（买方和卖方）、机构和监管框架之间的互动。这是对"生态"一词的隐喻用法，强调市场如何像自然生态系统一样运作，通过动态互动来保持平衡、推动竞争和促进创新。

主要特点：

（1）动态互动：市场生态涉及各种市场参与者（如企业、

消费者和监管机构）之间的持续互动，这可能导致市场条件的变化。

（2）竞争与合作：企业争夺资源、市场份额和客户，但也经常通过联盟或网络进行合作，以提高市场效率和促进创新。

（3）监管框架：政府政策和法规塑造市场环境，确保公平竞争，保护消费者权益，促进可持续实践。

（4）适应与进化：正如生态系统中的物种适应变化一样，企业必须根据市场需求、技术进步和竞争压力而进化。

示例：

技术市场是市场生态的一个典型例子。苹果、谷歌和微软等公司在监管框架内互动，激烈竞争市场主导地位，适应快速变化的技术和消费者偏好，保持动态和竞争的市场环境。

▶ **行业协会（Industry Association）**

行业协会是由在同一行业运营的企业组成的组织。这些协会旨在通过宣传、行业标准制定、研究、交流以及不时的游说活动来促进其成员的利益。它们充当行业的集体代言人，帮助影响政策、制定最佳实践并应对共同挑战。

主要特点：

（1）宣传和游说：行业协会通常代表其成员的利益向政府和监管机构游说有利的政策和法规。

（2）标准制定：它们制定和推广行业标准，以确保产品质量、安全性和互操作性，增强市场信任和效率。

（3）研究与开发：协会开展行业特定研究，并提供数据、见解和趋势，帮助成员企业做出明智的决策并促进创新。

（4）网络与协作：它们为企业提供网络、共享知识、合作开展项目和建立战略伙伴关系的平台。

（5）教育和培训：许多协会提供培训计划、研讨会和认证，以提高行业专业人士的技能和能力。

示例：

美国医学会（AMA）是美国医疗保健专业人士的行业协会。它倡导医生权益、影响卫生政策、制定医疗实践标准并为其成员提供继续教育机会。

美国式"市场主义"文化是如何无孔不入的?

本篇概要

本文探讨了市场驱动的意识形态对美国社会生活各个方面的普遍影响,强调了美国是如何体现出一种独特的"市场主义"文化的。这种文化将强烈的市场意识与个人主义融合在一起,渗透到社交互动、学术环境甚至日常活动中。作者描述了这种以市场为导向的方法如何在看似不相关的领域体现出来,例如学术会议、大学生活甚至学校录取,强调了美国社会特有的个人选择、自由和平等机会的精神。

首先,作者讨论了他多次参加美国社会学协会(ASA)年会的经历,这些会议以类似市场的结构进行组织。参与者提交论文,如果被选中,将被邀请发言。会议高度分散,没有等级制的座位或礼节,鼓励开放、自由的思想交流。这些会议体现了一个"思想市场",参与者可以自由地参与各种主题,并与有相同兴趣的人建立联系。其次,作者指出在美国大学,对个人选择的重视延伸到课程选择和学生服务。学生根据个人兴趣和职业目标量身定制自己的教育路径,有各种各样的选修课和活动可供选择。"学习市场"的概念很普遍,学生被视为客户,他们浏览大学提供的课程来创造自己的教育体验。最后,作者强调了美国文化中摇号的盛行,用于分配学校录取等稀缺资源。这种方法反映了对平等机会和运气随机性的信念，这被视为一种公平的分配手段。本文的结论是，美国普遍存在的市场驱动心态不仅反映而且强化了美国的核心价值观，即个人主义、选择自由和机会平等。

在市场经济高度发达的美国，即便在学术会议、学校生活、入学申请等看似与市场无关的领域中，都有着市场主义文化的痕迹。在美国的这些年，我经历了以下几个有趣的场景。

学术年会——观念交流的市场

我曾参加了数次全美社会学年会（ASA），每次都有不同的收获。且不谈历年年会都选址在一个风景宜人的城市，让我可以在"公费旅游"地边开会边饱览华盛顿、洛杉矶、芝加哥等城市的风光；更吸引我的是年会的风格——完全市场化的学术交流方式使我大开眼界。会议组织者用Marketization Idea（市场化理念），创造出一种"观念交流的市场"氛围，使与会者能够完全自由地从"市场"中选择其感兴趣的东西。

会前，组织者即发出了会议征文通知，除美国社会学协会成员具有当然的与会资格外，组织者还通过协会网站广而告之，使那些有兴趣参加会议的国内外学者、学生，以递交论文的形式申请参加会议。凡论文被选中者，即可获得会议邀请信，然后出席会议。参加会议的当天，与会者在现场先注册（一般需要付一笔会议费），然后取得一个身份卡，把它别在衣服上，便可在各个演讲分会场里游走，寻找自己满意的报告题目。

通常年会设有一个主会场，一般是在一个大宴会厅里，与会者不分上下主次地站立着，先由主持人来一番开场白，会议主办方对参会者表示感谢，大家鼓掌之后，所谓的Idea Exchange Market（观念交流市场）就正式"开张"了。与会者可以拿着人手一册的会议目录，到任何一个分会场或演讲厅里去寻找令你特别感兴趣的主题。不过更省力的方法是：在会议专设的电脑检索网页或手机APP上，输入你最感兴趣的主题，立刻就会得到确切的时间、地点和主讲人等相关信息，只要按图索骥即可。事实上，所有分会场的主持人也是通过"招标"方式选出来的，任何人若有主持分会场的兴趣，同时也需要有相应的资历，即可成为某一分会场（专题讨论会）的主持人。被邀请参加分会场主题讨论的发言人，按规定只能讲二十分钟，由主持人提醒你"时间期限已到"，接下来便是大家的"圆桌"式的自由讨论，每人都有机会表达自己对某一学术问题的观点，体现出"市场"的公平原则。如果愿意，在讨论会结束时，与会者可将电子邮件地址留下，以利于今后继续保持对有关专题的讨论和交流。

逛完这样的"市场"之后，与会者自然会去浏览一下由会议组织者举办的书市，或者出席大型的、联谊性的"派对"，要不就去游览城市景观。所有这些活动都是一种开放性的选择，令人自由自在又乐在其中，并期待着来年再进入这样的"任你游"式的"观念交流市场"，逛出新感受，淘出新观念。

大学校园——个人兴趣爱好的"集贸市场"

在美国的大学中，学生之间交往通常建立在共同的兴趣爱好基础之上。除了课程规定的活动外，几乎很少有以班为单位的集体活动。学生在校的所有活动以"自由选择""尊重个性"为原则。在选课过程中，学生也根据自己的专业要求和兴趣爱好来选择课程。由于学生各自的进度和兴趣不同，必修课的上课次序也会有所不同。这样，选中相同课程的学生们就成为名副其实的"同学"：即同一学期上同一门课程。课程结束后，"同学"关系也就自动解散。学校对每个专业都有规定的课程，除了少量的必修课外，大部分是选修课。学生除了课程之外，还可以根据自己的兴趣爱好和时间安排参加校内的各种活动。一旦修满学分，完成规定的课程，学生即可申请学位：学分面前，学位平等。显然，在美国的大学里，学校的功能是为学生提供学习等各方面的帮助，出发点是以学生为中心，并给予学生充分的个人选择自由。在那里，学校为学生们提供的是一个"学习的市场"，学生则是这个市场中的"上帝"、学校的顾客，他们各取所需，量力而行，自由自在地学习和生活。

不仅选课有"市场化"的特点，服务同样也是如此。比如学校的学生咨询中心，其服务内容琳琅满目：免费提供"公众演讲咨询""压力舒缓咨询""自我防卫咨询""多元文化咨询"和"就业选择咨询"等，同时备有电话热线提供即时服务。与此同时，学校还提供许多免费讲座，你只要在校园网上登录，马上可以收到确认信，只需按时到场即可。此外，美国大学还设有专门的服务设施为某些残障学生提供方便，包括手语解释、阅读帮助、考试准备、笔记代抄以及各种技术性的帮助等。学校健身中心为所有在校生提供桑拿浴、游泳池、保龄球馆和桌球等各种设施，同时配有各种身心健康讲座，诸如营养知识、健身方法、性生活安全等。

学生中不乏许多自愿服务者，他们在校园网上登出广告，自告奋勇为大家服务。如为同学提供英语口语训练，为同学解答数学难题等。不过，也有一些学生以交换作为提供帮助的前提。如用解答计算机知识的方式换取英语口语训练的机会。甚至还有学生明码标价换取服务，比如：愿以每小时10美元的价格换取SAS统计难题的解答或计算机编程问题的帮助等。林林总总的服务项目造就了一个热热闹闹的校园"集贸市场"。

为了体验在校园"市场"里做"上帝"的滋味，我曾参加了一个写作中心的活动，即为在校学生提供免费的"作文编辑"帮助。我先打电话预约，然后在规定的时间赶到中心参加活动。在一个宽敞的大厅里，有许多避免干扰的分割区。我签到后就被安排到其中一个分割区内的座位上坐下。不到几分钟，就走来一位点我名字的女大学生，经过"验明正身"之后，她笑容可掬地自我介绍起来。原来她是英语文学专业的学生，在她所选修的课程中，规定要安排几周的时间为学校的写作中心提供义务咨询服务。于是，她拿着我事先准备好的文章，边读边和我讲解如何用文字表达思想，如何让语言阐述更为准确，如何注意语法修辞等。作为英语文学专业本科高年级的学生，通过这样的义务咨询活动，不仅学有所用，而且为英语非母语的国际学生提供了及时的帮助。果然，半小时交流之后，经她修改后的文章，语言更为生动，文字表达更为流畅。当我起身向她告辞时，她一周两小时的义务咨询服务也快告结束了。

开会抽奖，招生中彩——个人"幸运市场"

在美国我参加过不少花样繁多的会议，如校学生会举办的校长咨询会、体育颁奖大会，还有孩子学校的家长会。印象最深刻的就是抽奖，会议组织者大多采用抽奖方式来设法吸引听众，减少出席者的迟到或早退现象。一进会场，就有人塞给你一张摇奖号，等会议结束再叫号。如果你对这些会议的内容不感兴趣，随时可以退场,不过幸运开奖就轮不到你了。虽说奖品并非人人有份,也不值多少钱,但美国人都希望自己比较幸运,自然啰,喜欢幸运降临时那份感觉的人,通常能坚持到会议的最后一分钟。如此这般,会议组织者用少量的支出获得更多自始至终在场的参会者,在实现会议目的的同时,赢得大家的欢喜。

抽奖,在美国几乎遍地开花。因为它基于"均等"理念,用"公平"的方式操作,使人们毫不怀疑其公正性。且不说美国的彩票业之发达,单凭中彩而成百万富翁的人每年就有几十人。即便是一些社会资源的分配,也靠抽奖、中彩来解决。中奖(彩)是你的运气,不中是你没福气,这样倒也公平合理。就拿美国的"重点中学"这个"稀缺资源"来说,所谓的重点学校是根据学生考试成绩的统计资料来区分的,一个地区有好多所中学,其统计结果每年都公布于众,学校的声誉便一目了然。有些统计资料是需要花钱买的,比如某校学生家庭的平均收入、住房条件等。因为这些条件将会影响到该校学生的群体素质和文化氛围。即使是市属的或州属的重点学校,招生也没有任何限制,否则便有"歧视"之嫌,谁也不愿意冒那个违法的"罪名"。但学校明文规定名额有限,能否录取,仅凭运气摇号。摇中比例则根据报名的人数来定,因为报名人数直接反映了学校声誉如何,同时,也反映出市民对这一学校的认可程度。

记得几年前我儿子来美定居,做家长的自然希望给他找一个所谓的"重点"学校就读。于是,我煞有介事地找了一所声誉较好的中学去报名。进了学校,接待员非常和气地问明我的来由后告诉我:取一份表,当场填好或带回家填好后交给学校,表上附有何时必须将表反馈给学校、何时为最后摇号期限、何时将收到摇号结果等说明。两个月后,我收到了该校的回信,上面写着:

"摇号的结果是：很遗憾，您的孩子本学期不幸未被录取，希望下次再争取。"啊，那就意味着继续摇号，继续等待幸运的降临。然而，我却再没有兴趣摇下去了。

市场经济高度发达的美国，是一个将市场意识与个人本位观念结合在一起，并渗透到社会生活各个领域的国度，由此形成了典型的、美国式的"市场主义"文化：市场无处不在，无孔不入。这种"市场主义"文化实际上是美国人精神理念的体现：那就是个人本位，选择自由，人权至上，机会均等。

概念提要

▶ **市场主义（Marketism）**

市场主义是一种意识形态或文化框架，强调市场在组织经济和社会生活中的首要地位。它提倡这样的信念：市场机制（如供求、竞争和消费者选择）是分配资源、商品和服务的最有效手段。

核心要素：

（1）市场主导地位：市场被视为管理社会各个方面的核心机构，从经济到教育、医疗保健，甚至文化实践。

（2）个人主义：市场主义提倡个人自由和选择，个人作为理性的主体，根据自己的偏好和自身利益做出决定。

（3）经济效率：人们认为市场机制可以实现资源的有效配置、创新和经济增长。

（4）最小化政府干预：市场主义通常支持有限的政府干预经济，认为市场更有能力通过竞争和消费者选择进行自我调节。

应用：

市场主义体现在促进私有化、放松管制和自由贸易的政策中。它也体现在文化对消费主义的重视以及生活各个方面的商品化。市场主义关注市场在组织经济和社会生活中的作用，主张政府干预最少和个人主义。

▶ 选择自由（Freedom of Choice）

选择自由，或自由选择，是指个人在不受过度限制或胁迫的情况下做出自己的决定并从各种选项中进行选择的权利和能力。这是个人自由和自主权的一个基本方面。

核心要素：

（1）自主性：个人有权做出影响其生活的决定，包括住在哪里、学习什么以及如何花钱。

（2）多种选择：在各个领域应该有多种选择，例如消费品、就业机会和生活方式选择。

（3）无胁迫：选择应自愿做出，不受外部实体（包括政府或其他个人）的强迫、压力或操纵。

（4）知情决策：真正的选择自由通常要求个人能够获得足够的信息以做出明智的决定。

应用：

选择自由是民主社会的基础，影响着消费市场、政治选举和个人生活决定。它强调了个人独立和自决的价值。选择自由强调个人有权在不受强迫的情况下从各种选择中做出自主决定。

▶ 机会均等（Equal Opportunity）

机会均等或平等机会，是指所有人都应有同等机会追求自己的目标和抱负，而不会因种族、性别、社会经济地位或残疾等特征而受到任何障碍或歧视。

核心要素：

（1）公平机会：每个人都应有机会接受教育、就业和个人及职业发展所需的其他资源。

（2）不歧视：应根据优点、能力和资格提供机会，而不是种族、性别或社会背景等无关因素。

（3）公平竞争环境：努力消除系统性障碍并在需要时提供支持，以确保所有人都能公平竞争。

（4）支持性政策：如平权行动、为代表性不足的群体提供奖学金的政策和反歧视法等，通常旨在促进平等机会。

应用：

平等机会是社会正义的基石，通常体现在旨在减少不平等和促进教育、就业和住房等领域包容性的法律和政策中。它致力于创造一个每个人都有公平机会根据自己的才能和努力获得成功的社会。确保所有人都能公平地获得机会，主张基于能力的成功和消除歧视性障碍。

"估值"机制是如何遏制房产价格暴涨的？

本篇概要

本文讨论了美国房地产价格和房地产税的动态。作者的导师安东尼所住社区房价大幅上涨的实例，引起作者质疑为什么房地产价格上涨会导致不满而不是喜悦。直到作者本人购买房产后，他才了解到根据房产评估进行调整的房产税是重要因素。在美国，房产税是地方政府的主要收入来源，用于资助公共服务和基础设施。这些税收由反映市场状况的评估价值决定。更高的房产价值导致更高的房产税，这可能会成为那些不打算出售房产并实现增值的房主的负担。

文章解释称，房产税评估是一种稳定房地产市场的监管机制。评估价值是公开的，会影响房产的最终售价。市场价值和评估价值之间的差异往往为房地产交易提供了谈判空间。作者进一步探讨了房产税的概念及其对住房负担能力和社区人口的影响。文章指出，在房产税较高的地区，如设施较好的学区，往往会出现富裕居民迁入的周期，推高房价和税收，进而为当地服务提供资金。这种动态可能导致低收入居民流离失所。最后作者认为一个设计良好的评估机制有助于稳定房价和维护社会公平。并借鉴公共选择理论和经济学家詹姆斯·布坎南的思想，强调平

> 衡的制度设计在防止市场失灵和保护公共利益方面的重
> 要性。

我在芝加哥攻读博士期间，就听我的导师安东尼·奥罗姆（Anthony Orum）说起他所居住的芝加哥北区的房价曾一度飙升了百分之二三十，以至这一小区的原住户，特别是一些曾多年住在此小区的有色人种颇有怨言，有些甚至聚集到当地有关部门发牢骚。有些则纷纷抛售，搬迁到附近其他地区居住。我当时有些纳闷：为什么房价上涨反而不高兴，还要闹事？为什么房价上涨了反而让出自己多年居住的好房子、好地段呢？

数年后我完成了学业，到了南方的得州工作，自己也买了房子。得州是全美房价较低的州。我所在大学城，平均房屋总价还不到一个大学教授的两三年的年薪总和。于是我也买下一栋近200平方米的独栋民居，也可译成"独栋别墅"。虽然房价低，但是每年要交近3%的房产税。然而估算一下，如果考虑有若干年居住需要的话，买房还是要比租房来得合算。

后来才知道，房产税是随着房价的升降而调节的。其原理是通过房地产市场的"估值"机制进行。所谓估值，即评估或税务的估计。美国的地方政府专门设有这一部门（Appraisal District），负责统计和评估不同居住地段以及每家每户的房价，而且所有资料都是公开的，随时可在网上查阅。其中列出物业编号、地理编号、房产价值、土地价值、评估价值、市场价值等。

每年春季，房主通常会收到一份评估表，列出次年的房价以及税额，税额则根据房价升降而有所调整。这一估值并非随意制定，它是根据市场统计资料的各项指标，以及房产市场的成交价格来确定的，反映了房价的"官方"估值。某一地段或区域的房价都相对比较接近，周围邻居的房价升降也会影响到你所拥有的房产价值。如邻居家的房子改造，使房价得以提升，也会因此使得这一地区的房产整体增值，反之亦然。估值高，则税额就高。

美国各州的房产税额不同，通常都在1%—3%范围内。房产税是地方政府的主要收入来源，也是平衡地方财政预算的重要手段。征收房产税的目的是维持地方政府的各项支出、完善公共设施和福利，因此美国房产税的收税主体是郡政府（County）、市政府（City）和学区（School Distract），联邦政府和州政府都不征收房产税，而是征收所得税。得州的房产税高的一个重要原因，是得州居民不用交"州所得税"（即州税，State tax），只交"联邦所得税"（即联邦税，Federal Tax）。而其他州房产税低，但是每年还要交"州税"。因此，税种不同，前者注重"不动产"，而后者注重"个人收入"。然而，所有这些税种都是用于政府的运作以及各项建设所需开支。

但是在房产交易过程中，估值仅仅作为买卖的参考价，虽然是公开的，但通常行内人更了解如何查询。我的一位朋友当年购买住房时，并不知道有估值可以查阅，故最后成交价高出了估值价的15%。这也是因为当时购买者不止一人，相互之间出价不同，当然以高价成交。因此，房产成交的最后价格是根据市场来决定的，也就是说，是根据购房者出价和卖房者要价的博弈来确定的。在供需关系正常的情况下，房产的最后成交价会略高于估值的价格，这就使得房价总体上呈现增长趋势。当市场供过于求时，市场成交价会低于估值价；而当市场供不应求时，则成交价高于估值价。甚至出现"评估价值"与"市场价值"严重分离的情况，引起房产市场波动。通常房产估值上涨每年不能超过10%，在房产市场超涨的情况下，估值会达到涨停板。由于当年我的朋友购买房产时的成交价高于估值的15%，次年的房产税则徒增10%。此后历年的房产税都是按此税额基数而定（累积下来亏大了）。如上所述，估值的官方定价，决定了房主每年所需要交纳的税额。而买者或卖者则会以估值作为底价来决定各自的出价和要价。因此，实质上，一种对房产市场价格的平衡机制形成了。

仅以休斯敦的一处联排住宅为例，来说明房产广告标价、"市场价值"与"评估价值"之间的关系。联排住宅是指由几幢二层至三层的住宅并联而成的、有独立门户的住宅形式。通常有统一化的外部空间，如公共绿地、出行道、停车场等公共区域，并征收一定的物业费。售房广告信息显示，此联排住宅的面积是1 014平方英尺（相当于94平方米），是有两个卧室和两个浴室的三层楼房（包括底楼的车库），属标准的联排住宅。房产中介商的售房广告中标示的价格是137 000美元。

然而，如果在网上查阅"估值"的数据资料，就可以发现，这一房产中介的标价其实远高于其市场价值和估值。从下图资料中可知，2015年该联排住宅的"市场价值"是109 344美元，"估值"则是99 872美元；到2016年，略有增值，"市场价值"是119 578美元，"估值"则是109 859美元。可见，房产中介商的标价高于官方"估值"约27 141美元（20%左右）。换言之，大约有20%的讨价还价的空间。有经验的买者会根据这些资料作为参考来出价，而卖者以及房产中介商则需要根据供需信息，来决定是否减价。通常房产标示价会高于市场价一定的比例，以留有讨价还价的余地；"估值"略低于"市场价值"，或"估值"略高于"市场价值"都属正常。

Valuations							
Value as of January 1, 2015				Value as of January 1, 2016			
	Market	Appraised				Market	Appraised
Land	20,775		Land			22,720	
Improvement	88,569		Improvement			96,858	
Total	109,344	99,872	Total			119,578	109,859

5-Year Value History									
Land									
Market Value Land									
Line	Description	Site Code	Unit Type	Units	Size Factor	Site Factor	Appr O/R Factor	Appr O/R Reason	Total Adj	Unit Price	Adj Unit Price	Value
1	1006 -- Condo Land	--	GR	0	1.00	1.00	1.00	--	1.00	0.00	0.00	0.00

Building						
Building	Year Built	Type	Style	Quality	Impr Sq...	
1	1984	Residential Condo	106 -- Condominium (Common Element)	Low	1,014 *	Displayed

联排住宅的"市场价值"与"估值"的差距示例

通常，每年的房价会随着当地的人口流动状态和经济社会发展而有所升降，随之房产税额也出现变化。在美国，房产税的相当大部分被用于地方政府的各项开支，以及社区文化教育事业等的需要。如果房产税收得多，则当地的发展状态就会比较好。特别是有些学区房，价格通常比普通的住房贵，其原因也不外乎居住者的税赋高，因此公立学校获得的预算就会多，学校各方面条件就相对比较好，所聘用的教师质量也会高些。而这样更吸引家长们把孩子送到这些学校，这就形成一个良性循环。而且，由于充足的资金可用于当地社区的各项发展，于是相应的社区文化和人口社区构成也自然形成了。正如当年导师奥罗姆所说，他所居住的芝加哥北区的房价飙升后，这一小区的黑人原住户大都搬走了，而新进小区的居民则收入水平较高，能承受得起高房价。由此，高收入阶层的白人住户比例升高。这也是美国社区人口自然流动从而形成其特定人口构成与社区文化的基本机制。

回头看，当年感觉纳闷的问题迎刃而解了：房主通常不愿意多交税额。因为房价上升对于住户本人并不带来直接的利益，相反需要付出更多的税金。只有在房主准备卖出其房产时，房价的高涨才给出售房产者带来直接的利益。怪不得，常常听到有住户在每年收到房价估值表之后，看到估值高于去年，就纷纷去当地政府有关部门反映，要求降低房产的估值，以减轻税负（目前已有网上申诉的程序出台）。而有关部门则必须根据房主的正当理由来确定是否减价。如果拿不出可信的理由或确凿的证据，则维持官方定价。可见，通过估值系统对房产税额进行市场调节，在很大程度上抑制了房产价格的非理性飙升。这也是政府利用市场这一看不见的手来调控市场的典型案例，通过一推一拉、一升一降来达到合理控制房价的目的。与其说这是一种良性机制的作用，不如说是通过精良的制度设计来维护公众利益的范例。

诺贝尔经济学奖得主、公共选择理论创始人詹姆斯·M. 布坎南（James M. Buchanan）在论述"公共选择"时认为，公共选择理论的宗旨是要把经济市场中的个人选择行为与维护公共利益纳入同一个分析模式。微观经济学家认为"经济人"即作为任何一个人，无论他处在什么地位，人的本性都是一样的，都以追求个人利益最大化为最基本的动机。很显然在人类自私的原始动机下，政府就需要通过某种"利他"（税赋）机制来削弱基于自私动机下人类从事社会活动给社会总收益造成的减损。布坎南认为，每一部宪法的创建都是为了保护至少几代公民的利益。因此，它必须能够平衡国家的、社会的和个人的利益。

布坎南的政府理论中的"政府失灵"是指在市场经济条件下政府干预行为的局限性，这也是"公共选择"理论的核心问题。

在布坎南看来，政府作为公共利益的代理人，其作用是弥补市场经济的不足，并使各经济人所做决定对于社会的益处比政府进行干预之前更高。否则，政府的存在就无任何经济上的意义。在美国，房产税除了为地方财政提供充足的资金外，其另外一个重要的职能，就是平稳房价。估值系统对房产税额进行市场调节充分体现了政府干预平衡房价以及维护公众利益的一种手段。按"公共选择"的理论，就是政府通过统计资料和市场分析来决定房产的价格，以及需求、供给等对资源配置而施行的非市场选择，即政府选择。

可见，由房产"估值"机制而体现出来的政府对市场的干预，使得市场经济中的"经济人"的私欲（利益最大化）与社会公共利益（税赋）之间得以平衡，并避免公众利益减损。这样的制度设计，正在于避免"政府失灵"和无能，抑制房价的非理性飙升。

制度是人类的文明和智慧的体现。良好的制度设计能维护公共利益，确保社会的长治久安，永世太平。无论宏观的社会制度还是微观的机构或企业制度的设计与演化，无非有良性和非良性之分：良性的制度设计体现了制度的合理性和长远性，它可以使社会或组织及其各项活动平衡稳定，相得益彰而形成良性循环；而不良的制度设计则关注短期效应，顾此失彼，穷于应付，而长远的结局只会导致社会的动荡或公众利益受损。就房产市场而言，良性的制度设计是既保证地方政府的财政预算，又能驾驭市场稳定房价，防止房价成为"脱缰之野马"。

房价的稳定是关系到国民休养生息的重大问题，国内房产制度体系中建立类似的平衡调控的"估值"机制之日，则是房产价格稳定合理之时。

概念提要

▶ **房产评估(Property Appraisal)**

房产评估是一种对房地产市场价值进行估算的专业活动或过程。评估通过分析类似物业的交易数据、市场趋势以及具体物业的特征,来确定物业在某一特定时间点的公允市场价值。这一估值通常用于确定物业的交易价格、贷款价值、保险金额和税收依据等。

核心要素:

(1)市场价值估算:房产评估旨在确定物业的市场价值,即在公开市场上,买卖双方在无任何压力下的合理成交价格。

(2)专业分析:评估包括对物业的物理特征(如位置、面积、状态等)和市场状况(如供需关系、区域发展等)进行分析。

(3)多种用途:评估结果可以用于购买、出售、融资、保险和纳税等多个方面。

(4)法律依据:评估结果通常具有法律效力,特别是在税务和贷款申请中。

在美国,每年地方政府会根据房产评估值来调整物业税,评估值高的物业需要缴纳更高的税金。

▶ **房产税(Property Tax)**

房产税是一种基于物业评估价值对房地产所有者征收的地方税种。它是地方政府财政收入的主要来源之一,用于资助公共服务和基础设施建设,如学校、道路和公园。

核心要素:

(1)税基:房产税的税基是物业的评估价值,评估价值越高，税额越高。

（2）用途：主要用于资助地方公共服务和基础设施建设，确保社区的持续发展。

（3）税率：不同地方的房产税税率不同，通常介于1%—3%之间。

（4）影响因素：房产税的多少受到物业的市场价值、地理位置和公共服务需求的影响。

得克萨斯州没有州所得税，因此房产税较高，用于补充地方政府的财政支出，确保当地社区和公共设施的良好维护。

▶ **经济人（Economic Man）**

经济人是一种经济学假设模型，用于描述个体在经济活动中是完全理性且追求自身利益最大化的行为者。经济人会根据成本和收益做出最优决策，以最大化个人效用或利润。

核心要素：

（1）理性选择：经济人假设所有个体在决策时都能够完全理性地权衡利弊，选择对自身最有利的选项。

（2）自我利益：经济人主要关心自身利益最大化，而不考虑他人的利益或社会福利。

（3）行为动机：经济人模型常用于解释市场行为，如消费者选择和企业生产决策。

在房地产市场中，经济人会基于市场价格、未来收益预期等因素，选择购买或出售房产，以最大化个人财务利益。

▶ **公共选择（Public Choice）**

公共选择是一种将经济学分析方法应用于政治决策和公共政

策的理论。它研究如何通过个人和集体选择来实现公共利益，并探讨政府在市场经济中所扮演的角色及其可能的失灵。

核心要素：

（1）个人选择与公共政策：公共选择理论探讨个人在政治和公共事务中的选择行为，分析其对公共政策的影响。

（2）政府角色：研究政府如何通过政策和制度设计来弥补市场失灵，并在平衡公共和私人利益中发挥作用。

（3）自利动机：假设政治家和官员在决策时也会追求自身利益，则可能导致政策偏向自利而非公共利益。

（4）公共利益平衡：公共选择关注如何设计有效的制度来平衡个人利益与公共利益，防止政府失灵。

在房产税政策中，公共选择理论可以帮助设计出一种平衡机制，使得税收不仅能支持公共服务，还能避免不合理的市场波动，保护公众利益。

报税机制是如何实现差别化"二次分配"的？

本篇概要

本篇讨论了美国个人所得税制度的复杂性和影响，强调了其在"二次分配"中的作用，以及它与通过工资等市场机制实现的初始收入"初次分配"有何不同。美国税收制度被描述为一种完善而重要的机制，通过各种扣除、抵免和补贴来重新分配财富，从而实现社会公平，这些扣除、抵免和补贴考虑到每个纳税人的独特情况。本文解释了"预扣税"的概念，即税款从收入中预扣并在申报后进行调整，以及纳税申报表如何经常因全年多付而导致退税。文章指出了美国税收制度的几个主要特点：纳税人可以选择以单身、夫妻联合申报或夫妻分开申报的方式申报，这对他们的纳税义务有重大影响。税收制度允许根据个人情况进行个性化扣除，例如医疗费用、抵押贷款利息和教育费用，以促进公平并适应不同的财务状况。低收入个人、支付某些费用以及收养儿童或进行节能家居装修等活动的个人可享受特定税收抵免等。

美国税收制度被视为一个多世纪发展的产物，通过将税收与公共利益联系起来，促进了现代民主国家的崛起。本文将美国制度的详细法律框架与其他国家较简单的制度进行对比，表明更成熟的税收制度更能促进社会公平

> 和高效治理。总之，美国所得税制度体现了详细的定制税收政策如何有效地重新分配财富、支持社会福利并增强公众对政府的信任，成为财政、经济和社会科学的重要研究领域。

初到美国的第一年，我曾经历了某种程度的"文化冲击"。"文化冲击"是指个人身处不同国家的文化或不一样的环境中而经受的一种困惑、焦虑的状况。其中一种冲击即是本文所要谈的"报税"。报税季来临，到处可见满天飞的报税表格和广告。比如，在社区图书馆、学校阅览室里，甚至公交车站旁都可以看到有关报税的资料，并有提示：个人报税必须在4月15日前完成。当时，我真有点不明所以，甚至觉得似乎多此一举。为啥要报税？怎么填税表？都是问题。可是后来慢慢地从中悟出，在某种意义上讲，这套报税机制实现了差异化的"二次分配"。

"二次分配"当然是针对"一次分配"而言。"一次分配"发生在任何有雇佣关系的领域，是通过市场实现的分配，比如雇主对雇员发的工资、职员拿的薪水等。"二次分配"主要靠国家通过税收弥补贫富差距，向不同层次的高收入者征收相应的税，然后去补贴低收入者和维持各种必需的社会福利事业等。其实，任何国家的税务工作目的，不外是通过征收税赋用于国家机器运作所需要的资金，与此同时实现"二次分配"的功能。其原因是"二次分配"的功能在某种程度上，对于稳定社会，调节贫富具有重要作用。然而，有些国家在"二次分配"上做得"精致""巧妙"，有些国家则可能"简陋""疏略"。根据美国"个人所得税"的报税机制所观察到的其精巧的"差别化"二次分配，确实具有重要的社会功能。因此，我觉得有必要介绍给有兴趣的读者。

所谓"差别化"，是指对纳税者的不同情况，作出不同的应对办法，即"量身定制"。在税赋环节上"量身定制"，恰恰是使消弭贫富差异的"二次分配"精准到位的必要程序。这一重要环节在美国的报税机制中得到了充分的体现，从而避免了在税赋上"一刀切"。虽然相对于税赋工作上的"简单疏略"而言，它来得"复杂精巧"，然而这也正是美国的税赋制度的一个特点。本文不可能完整地介绍美国的税赋制度，而只能从"个人所得税"（以下简称"个税"）报税机制中的差别化"二次分配"的角度作一个初步的分析。

2019年个人所得税新税率

税率	单身人士应税收入	夫妻联合报税应税收入	家庭户主应税收入
10%	0——9700美元	0——1万9400美元	0至1万3850美元
12%	9701——3万9475美元	1万9401——7万8950美元	1万3851至5万2850美元
22%	3万9476——8万4200美元	7万8951——16万8400美元	5万2851至8万4200美元
24%	8万4201——16万725美元	16万8401——32万1450美元	8万4201至16万700美元
32%	16万726——20万4100美元	32万1451——40万8200美元	16万701至20万4100美元
35%	20万4101——51万300美元	40万8201——61万2350美元	20万4101至51万300美元
37%	51万301美元及以上	61万2351美元及以上	51万301美元及以上

信息来源：国税局　　　　　　　　　　　　　　　《侨报》制图

美国2019年个人所得税税率表

通常人们理解的"个税"征收过程往往是先报税再缴税，而实际操作过程中，通常都是"预扣税"（Withholding Tax），即反向操作（预先扣除税款，而在报税后退回）。当个人的劳动（任何有偿工作）获得了收入的时候，无论是工资还是任何其他收入，通常会由雇主在工资表中按一定的比例扣除税。然而，这部分税只是"预扣"而已,先交给美国联邦税务部门,然后等个人报税后,按实际应纳税款退回余额。

相关法律规定,雇主应当在报税年的1月31日之前寄给雇员所有的税务文件。通常,纳税人会收到过去一年薪资所得凭单,如果该纳税人是全职工作者则其收到的就是W-2表,上面记录有去年的收入总额以及被扣除的个人所得税额。而相关的文件都会同时转发到联邦政府的税务部门。如果在2月15日之前纳税人还未收到相应的表格,可直接找雇主索取,或联系美国国税局解决。

然后,在每年的4月15日之前,个人要根据所收到的税表和其他相关资料对上一年的收入报税。说是"报税",其实简单地说就是申请退税。因为在大多数情况下"预扣税"是足够支付当年的应交税款的,因此通常报税就是为了退税,也就是要回多交的税款。当然在"预扣税"不足的情况下则需要补交税款。如果你偷懒不愿意报税填表,那么你就放弃了获得退税的机会,当然这是你自己的选择;如果"预扣税"足够多,也不会有什么惩罚,反之则有风险。

在美国,个税申报虽然比较复杂,但所有报税步骤都是有很详细的指导的。通过在街头报栏里发放的资料以及登录国税局系统(IRS:Internal Revenue Service)找到"表格和说明"(Forms & Pubs)一栏,就可以看到在美国报联邦税所有可能需要的表格和相关说明了。只要按部就班,依次填入相关数据,就可以完成。也可以花钱请税务所注册的会计师提供"报税服务"。虽然税务师看到的指导说明也都是如此,然而在如何避税方面,他们可能更有经验。当年我读博时,做了"助教"和"助研"工作,报税时的项目就增加不少。然而,由于"预扣税"不多,因此,报税后所能退回的余额自然也不会多。关于这方面,每个高校的国际学者学生中心都会提供各种指导。

美国的个税申报机制的主要特点体现在以下四个方面:

一是单元选择(即报税是以哪种单元为基数)。一般有三个选项:单身报税、已婚单独报税和已婚共同报税。所谓"单身报税",是指你申报之时和当前自然年内任何时间都没有在法律上与其他人存在婚姻关系,那么你的婚姻状态就是单身,报税身份亦是单身。另一种是"已婚单独报税",即你已婚但你和你的配偶决定单独报税。这么做一般需要一个充分的理由:你有一大笔可免税的花销,或者你拥有一家公司。在某些情况下这样单独报税,可以获得更多好处。还有一种是"已婚共同报税"。已婚共同报税的好处是税务流程简单,且免税额度更大,是家庭普遍的报税方式。大部分美国人以家庭为单元申报个税。

二是减扣定制(即"差别化扣税"机制)。退税是根据每个人当年的不同情况而定的,而不是"一刀切"。由于美国的个人纳税情况相对比较复杂,很难找出两份完全相同的税单。也就是说,即使收入相同,由于每个人的生活、工作状况不同,所交纳的税也就不同。比如,某A,年入十万,但有三个子女,而且去年搬家,家庭成员有重大疾病,医疗费用巨大。某B,也同样年入十万,无子女,而且年内一切平安。这种情况下,A的税额与B的税额相比就会减少许多。

报税过程中的"差别化扣税"机制,包括允许从纳税中扣除某些免税的项目,包括医疗保险费、搬家花费、学生贷款利息、夫妻合报减税、多子女家庭减税、购房、大病灾害减税、股票亏损减税、新能源减税、报税费用减扣、选举总统费用减扣等。有些需要提供相应的收据、票据或者付款单,来证明这些项目是合法扣除。可免税的项目还包括在健康储蓄账户（HSA）和个人退休账户（Individual Retirement Account，即IRA）中的投入，抚养/赡养费支出等。从前一年的收入中，扣除这些免税项目，即为调整后的总收入（Adjust Gross Income，简称AGI）。调整后的总收入再扣除"个人免除额"（家里的学龄子女或老人有税务免除额度）以及"标准抵扣"或"分项扣除"之后，即得到所谓的纳税所得，再根据税率，算出上年应纳的个人所得税。可见，"差别化扣税"确实相当复杂，然而它的确从真正意义上实现了相对合理的"二次分配"。

举例来说，一个家庭总收入5万美元的3口之家（夫妻+小孩），选择"已婚共同报税"，按规定可以得到12 600美元的家庭标准抵扣，此外每个人还可以得到4 050美元的个人减免额，3个人共12 150美元，光这两项减免就有24 750美元。如果不算其他减免的话，5万美元的总收入减去24 750美元，应纳税收入为25 250美元。其中18 550美元按10%税率计算，应交税1 855美元；余下的6 700美元按15%税率计算，应交税1 005美元，两项合计应交税2 860美元。按此方法计算，一个年收入5万美元的3口之家，所交联邦税的税率，最多不会超过5.6%。

三是税赋补贴（在报税项目中可以额外获得的补贴，Tax Credit）。即针对低收入人群或特定年龄和特定弱势群体的"税收抵免"，也称"税收返还"。假设纳税人领养了儿童，那么孩子的抚养费在一定额度内允许和应纳税额抵扣。纳税人购买政府鼓励的节能家用器具，环保的电动汽车，部分费用可以和应纳税额抵扣。如在税表中有一类叫作"住宅能源优惠"，即在家里安装了太阳能电源，即可以获得此项补贴。再比如有子女在高校就学，就可以获得教育补贴。当年笔者的儿子在大学就读期间,每年可以获得教育补贴2 500美元,或叫作American Opportunity Credit。这种税赋补贴则是直接影响应缴税额的,其中Refundable(退款)和Non-Refundable(不退款)的区别还是很大的。Refundable的意思是,你符合某个税赋补贴的标准,则可以少缴1 500美元税;但是如果你本来只应该交1 000美元税,那么你就不用交这1 000美元了,并且政府再多退给你500美元。

四是捐款免税(即当年给社会福利部门或非营利单位的捐款,可以获得免税)。根据美国施惠基金会(Giving USA Foundation)的统计,2016年美国人的慈善捐款总额达到3 900亿美元,创历史新高。其中个人捐款额为2 818亿美元,按现有人口3.23亿计算,人均捐款872美元。根据印第安纳大学礼来家族慈善学院2016年进行的调查,2017年的慈善捐款比2016年将增加3.6%,2018年预计再增加3.8%。在美国施惠基金会统计的慈善捐款九大类项目中,给教会及宗教机构的捐款最多,为1 229亿美元,占总数的29%。其他各类捐款对象包括:教育597亿美元、人道援助468亿美元、各类基金会405亿美元、医疗机构331亿美元、公共社会福利机构298亿美元、艺术及文化和人文科学182亿美元、国际事务220亿美元、环境及动物保护组织110亿美元。可见,捐款免税机制直接促成了"三次分配"的实现。("三次分配"是指在道德力量的推动下,通过个人自愿捐赠而进行的分配。)

其实,美国这套"个税"税赋制度并非一蹴而就的,它是经过了一百多年的精心打造而形成的。1862年,美国联邦政府首开个人所得税,作为南北战争筹款的一项紧急措施。1909年,政府首次向企业开征所得税。《美国1913年税法》规定了一个很高的免征额,每年4 000美元。这是按"美国人希望的生活水准"——一个家庭有5个孩子,并且要供其中一个孩子上大学情况下需要的生活费——来确定的免征额。1935年,政府开征了一项工资税,以资助社会保障体系。1943年,政府开始强制从工资单上扣除个人所得税,大大方便了所得税管理。

早期的西方国家,为了获得民众对税收的同意,君主不得不建立起代议制机构,让纳税人代表审议征税的用途并监督用税的过程。因此,税赋制度的建立大大地提高了国家的财政汲取能力,也使得国家越来越依赖于私人部门,于是一种纳税人意识逐渐形成。在这种背景下,纳税人及其代表不仅希望将国家的征税行为纳入某种制度化的约束,而且越来越要求国家能够负责而且有效率地使用这些纳税人提供给国家的资金。对于具有税赋机制的国家来说,由于财政收入不再是来自统治者自己的财产所形成的收益,于是不再是"私人资金",而是"公共资金";用公共资金建立起来的政府也就不再是"私人政府",而是"公共政府"了。

广而言之,西方现代民主国家的建构,大多是从税收法定、公共预算开始的。因此,税收制度、财政制度对于国家建构具有决定性意义。从本质上讲,税收政策的制定与国家制度及其性质相关。著名财政学家马斯格雷夫总结说:"税收是现代民主制度兴起的先决条件。"政治学家鲁道夫·布劳也曾指出,现代国家的产生是和税收制度的发展分不开的,财政制度是把经济基础转化为政治结构的转换器。

文献资料表明,世界许多国家税法的规范精度密度相当高。德国现行个人所得税法有193条,法国现行个人所得税法有204条,美国现行联邦所得税法有1 563条,英国现行个人所得税的法律一共有3 782条,而中国现行个人所得税法条目仅几十条。此外,中国2017年个人所得税只占全部税收额的6.9%。而德国是42.8%，英国是41%，法国是30%，美国是71%。这当然与中国"个人所得税"制度尚不成熟有关。1986年9月国务院发布了《中华人民共和国个人收入调节税暂行条例》，才开始对中国公民开征个人收入调节税。因此，在制度设计的完整度、公正度方面，中国和其他国家比差距还非常大，有必要进一步改革发展。

综上所述，可见美国个税制度的主要特征，及其制度设计中的人性化、合理化的成分。按照现代税法理论，如果"个人所得税"税收额大于"增值税"税收额，并且成为一个国家税收额最大的税种，那么这个国家就达到基本征税公正度。因此，如何将政治设计成符合个体发展的"善的艺术"，通过合理的"二次分配"来促进社会公正，并赋予其调节社会财富失衡的功能是制度设计的重要出发点。笔者认为，美国的个税制度总体上符合以下三条：

变被动为主动——纳税人主动报税，从而获得退税的可能。美国采用先行扣税的方法。不论是薪资收益，还是其他合法收益，收入的部分都会按照一定税率预扣。事实上，大多数报税的结果，都是美国政府退还多收的税金，仅有部分人可能需要补足少缴的税款，因此，对大多数人来说，报税不仅仅是作为公民的义务和责任，也是退税的过程。美国的个税不是一刀切的固定税率，而是参考纳税人的家庭、婚姻、工作状况等。美国税收体制在设计时就充分考虑到了种种差异性，更好地体现了社会公平。

变消极为积极——纳税人通过年度内的经济活动，在免税范围内积极地寻找可免税的开支，以及尽可能多地获得政府支持项目的开支。美国税法允许个人在计算应税所得前，把某些私人费用和其他一些非个人费用进行扣除。有两种类型，一种是标准扣除，另一种是分项扣除，纳税人根据自身情况选择这两种扣除中数额较多的作为扣除项，体现了政府对于纳税人意志的尊重。比如，每年付了很多房屋贷款，或者有很多卫生保健无法报销的医疗开支，又或者有很多慈善支出，那么就可以选择"分项扣除"。

变单向为双向——税收过程成为政府税收部门与纳税人同时获得最大利益而展开行动的双向过程。美国认可"合理避税"操作；税务人员也会提供"合理避税、减税"的方案。纳税人参与税务活动，通过退税或避税等实现利益最大化。而政府可以通过对税法的微调，来达到改变人们经济决策的目的。比如，如果买房子，每年的地产税以及房贷的利息可以抵税，而如果是租房，房租是不能抵税的，所以税收政策鼓励人们买房。又比如，为了鼓励人们做退休筹划，存到退休账户里的钱也是可以抵税的。个税税赋机制成为政府调控个人经济行为的一个杠杆（看不见的手）。

近几年来，传统的报税方法已转变为电子报税，实现了从过去手填表格，到现在的软件操作。我在好几年前开始使用软件报税，通常情况下，准备好所需要的所有文件之后，打开软件，然后按提示输入信息即可。甚至报税软件还会提醒某些项目可以如何合理"避税""减税"等，并计算出哪种报税方案更为优化。这不仅使得纳税人的报税过程更容易，也省去了税务部门的许多烦琐的工作。本文限于篇幅不作赘述。

总而言之，税收制度是国家财政的重要方面，税收作为财富的"二次分配"，在现代社会的资源分配和社会治理中起着非常重要的作用，也体现了现代社会公正的基本方面。"个税"税赋公平是现代化国家建立文明制度，优化社会治理的基本原则；它是一项巨大的社会工程，一旦形成良性循环，对国家、社会和个人来说受益无穷。这也正是财政学、经济学、社会学等学科领域需要特别研究的重大课题之一。

概念提要

▶ **文化冲击（Culture Shock）**

"文化冲击"是指个人在遇到与自己截然不同的文化或环境时所经历的困惑、焦虑和迷失。这种现象通常发生在一个人搬到一个新国家或接触到陌生的文化环境时。文化冲击可以表现为几个阶段：

（1）蜜月期：对新文化有最初的兴奋和迷恋。

（2）沮丧期：随着差异变得更加明显和难以驾驭，感受到挑战和沮丧。

（3）调整期：逐渐适应新环境并更好地理解文化差异。

（4）接受期：适应新文化并融入其中。

核心要素：

（1）涉及重大的心理影响。

（2）接触不熟悉的文化规范，语言障碍，社会行为和生活方式变化导致冲突和困惑。

（3）可能导致情绪压力和产生思乡之情。

示例：

移居美国的国际学生可能会因与祖国不同的教育体系、社交互动和日常生活习俗而感到不知所措。

▶ **预扣税（Withholding Tax）**

"税率预扣"（预扣税）是指雇主从雇员收入中扣除一部分作为预付税款的做法。然后，这笔预扣的金额将代表雇员直接汇给政府。该系统确保个人在全年分批缴纳所得税，而不是在纳税年度结束时一次性缴纳一大笔。

核心要素：

（1）适用于各种形式的收入，如工资、薪金和其他报酬。

（2）通过在全年分配税赋，有助于防止在财政年度末支付大笔税款。

（3）通常在年度纳税申报期间根据实际纳税义务进行调整和退税。

示例：

如果员工每年收入50 000美元，其雇主可能会从每月薪水中扣除一定比例（例如20%）并将其转交给税务机关。在年底，员工提交纳税申报表以核对应缴税款总额与已扣缴税款。

▶ 应税收入（Taxable Income）

"纳税所得"（应税收入）是个人或实体收入中应向政府征税的部分。计算方法是从总收入中减去允许扣除、免税和其他非应税金额。此调整后的金额决定了个人或实体的纳税义务。

核心要素：

（1）表示扣除特定扣除（如业务费用、慈善捐款和个人免税）后的收入。

（2）构成计算所得税的基础。

（3）可能因扣除、抵免和收入性质而有很大差异。

示例：

总收入为70 000美元的个人可能有可扣除的费用，例如抵押贷款利息和学生贷款利息，金额为10 000美元，因此应纳税所得额为60 000美元。

▶ 税赋补贴（Tax Credit）

"税赋补贴"（Tax Credit）是纳税人可以直接从其总纳税义务中扣除的金额。与减少应纳税收入的扣除额不同，税收抵免直接减少应纳税额，提供一美元对一美元的减免。税收抵免可以是可退还的，也可以是不可退还的。

（1）可退还税收抵免：允许纳税人获得全额抵免，即使抵免额超过其总纳税义务。

（2）不可退还税收抵免：将抵免额限制在应纳税额内；任何超额抵免额均不退还。

核心要素：

（1）可用于激励某些行为，例如节能家居装修或教育投入。

（2）通常针对低收入个人或特定群体，以促进公平。

（3）可比扣除额更有效地减轻总体税收负担。

示例：

如果纳税人欠税 2 500 美元，并有资格获得 1 000 美元的税收抵免，则其纳税义务减少至 1 500 美元。如果税收抵免是可退还的，而纳税人所欠的金额少于抵免额，他们可能会收到余额作为退款。

"卖空"机制是如何平抑股市暴涨暴跌的？

本篇概要

本文探讨了美国和全球金融市场背景下的卖空概念和机制，反思了卖空的历史演变、实际应用以及对中国市场的潜在影响。首先，作者讲述了学习卖空的经历，卖空可以通过卖出借入的股票并以较低的价格买回，从而从股价下跌中获利。这种方法看似复杂，其实与传统的股票交易相似，只是顺序相反。

卖空在美国市场盛行，是双向交易的一个基本方面。无论市场上涨还是下跌，投资者都可以通过选择做多（低买高卖）或做空（高卖低买）来获利。这种灵活性通过提供一种机制来抵消过度的价格波动，从而促进更平稳的市场调整，进而稳定市场。虽然某些市场限制或禁止卖空以防止金融不稳定，但它是现代金融体系维持市场平衡和流动性不可或缺的一部分。美国股市拥有广泛的可交易证券，包括股票、期权和交易所交易基金（ETF），是成熟的市场结构的典范，可以容纳卖空交易。

本文强调了卖空交易的历史背景，表明它自17世纪初以来一直是金融市场的一部分。尽管几个世纪以来一直面临批评和监管审查，但它在实现双向交易方面的作用已被证明对市场健康至关重要。作者建议中国金融市场可以从采用类似机制中受益,以增强其弹性和投资者信心;主张中国建立强有力的监管框架,允许负责任地使用卖空交易,认为这可能有助于中国的经济增长和市场成熟。

刚来美国那阵子,在华人聚会时,我常常遇到一些股市高手,其中不少喜形于色地谈论他们的炒股经纶。据他们说无论股市涨跌,都有利可图。当时我就有些纳闷,股市涨,你当然可能盆满钵满;可是股市跌了,那不破罐破摔了呀,怎么可能同样获利呢?记得他们说那是用"卖空"的做法。哦,你手头没有股票(空),怎么还可以"卖"呢?那时我只是觉得一头雾水。出国前,国内股市方兴未艾,好像就已经听说过法律还明确规定在股市里禁止买空、卖空交易,以免扰乱金融市场。到底应该禁止还是允许"卖空"?"卖空"机制究竟有什么内在机理呢?带着这样的疑问,我也开始关注美国股市了。

假期里,我注意收集各种股市动态,了解金融行情,并参与炒股实践,对有关卖空的知识尤其感兴趣。同时,我自己也开了股票账号,想尝试怎么个"卖空"法,探究里面有什么奥妙。按券商规定必须开立"保证金账户"(Margin Account,至少25 000美元)才能做卖空。我自问,如果买卖双向交易都可以做的话,那不"保赚不赔"了吗?那天股市飞涨,从股市行情走势图看,指数平滑移动平均线(MACD)在持续的涨势之后,"差离值"(DIF)变负并且越来越大,则行情可能开始回转。我觉得涨得差不多了,于是,尝试着卖空XYZ股票。第一次做卖空,心里没有谱,不知道会发生什么。看着电脑屏幕上的股票走势图,当XYZ股票急速上涨到达高点的时候,我迅速点击电脑键盘,卖出XYZ股票（卖出开仓），等着它慢慢下跌。不出所料，果然XYZ徐徐下跌，我账户里进账不少。可是，过了一会儿，股票又往上涨了，账户很快出现赤字了。我心里想，那可坏事啦，股票越涨越亏啦。还好，直到当天交易结束时，亏得不算多，也只能听天由命了。第二天，果然股市深度下跌，这时我赶紧买进XYZ股票（买入平仓），结清了事。我的账户里平添几百美元，这一次尝试，让我知道了卖空股票是怎么一回事。

炒股，本质上讲只有两种盈利方式：

（1）看涨股票时，先低买，后高卖，赚取差价，或称：买入开仓—卖出平仓；

（2）看跌股票时，先高卖，后低买，赚取差价，或称：卖出开仓—买入平仓。

可见，"看跌"与"看涨"正相反。比如，你预计股票XYZ已经涨得太高了，可能就要下跌。但你手头又没有XYZ的股票，这种情况下，你可以"卖空"。其基本原理是先通过券商借得XYZ股票卖了（Sell Short，卖出开仓），当XYZ跌下去以后，将股票买回来（Buy To Cover，买入平仓），还给券商，从中赚取差价。这听起来复杂，但在实际操作时，其实和正常的炒股操作没什么两样，只是看涨看跌方向不同。

美国股市中做这种先卖后买（卖空）的反向交易相当普遍。无论是散户还是机构专业炒股手，都会运用做多和做空双向交易来达到获利的目的。虽然并非所有股票都可以卖空，但大部分优质股票都可以卖空。各券商也都会列出可以卖空的股票。资料显示，可以卖空的股票在美国股市里大约有数千种之多。不过，有时也会碰到券商手头没有可以出借的股票的情况，那也只能作罢。

在美国股市里，不只有股票具有包括卖空机制的双向交易，其他金融品种，比如个股期权、股指期货、商品期货等更是几乎100%可以双向交易。比如交易个股期权可以有多种选择或组合。而其中必然包括"做多"和"做空"。也就是说，只要你预测个股期权的走势方向，你就可以选择做多，或是做空，在股市上涨和下跌的时候均可以获利，是典型的双边市场。

期权里讲的"做空"，其原理和股票里的"卖空"基本上是一致的，都属于反向交易。但是，个股期权交易比起股票交易更为复杂些；而股指期货和商品期货及其期权（金融市场里的终极产品）交易则更有风险，更为复杂多变。有人戏称："玩股票是大学水平，玩个股期权是硕士水平，玩期货期权则是博士水平。"简单来说，期权是一种建立在买方和卖方之间的合约。这种合约给了买方在特定价格（Strike Price）买入或卖出一只个股或股指、期货期权的权利。但是这种合约是有期限的。有一个星期，也有一个月、几个月或是一年、两年等。合约到期日那天，持有期权的买方有权选择执行期权或是让期权作废。当然在合约到期日之前，持有期权的买方还可以卖出所持有的期权，卖出期权的卖方也可以买回期权平仓。总之，玩期权可以"以小博大"，即用少量的资金赢得几倍或更多的利润。当然，也具有更大的风险。

美国股市交易品种还包括一种叫作ETF的基金交易。ETF是一个缩写：是交易所（Exchange）、交易型（Traded）、基金（Funds）的合称。中文全称：交易所交易型基金（中国股市也有此类交易）。它由一组相关的股票组合在一起，属于金融衍生产品，是一种"被动式管理型"指数基金，投资者可以像股票交易一样买卖基金份额。在美国股市中，交易量最大的ETF有SPY、

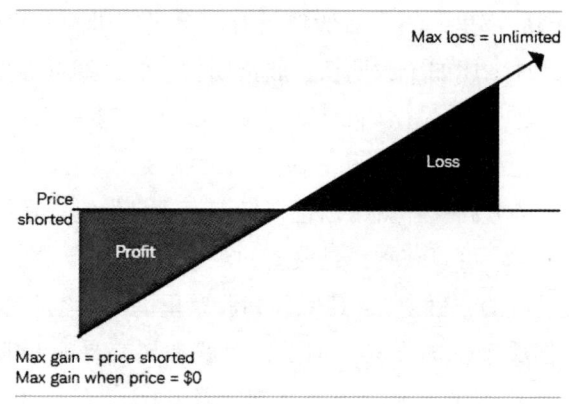

反向交易示意图：图中的斜线是假定股票或个股期权走势。走势向上，"做空"亏损（深色部分），走势向下，则"做空"获利（浅色部分）

QQQ、IWM和XLF等。其组合众多相关联股票的特点，使得个股上下振幅在一定程度上抵消，因此相对走势比较稳定。同时，也可以做多或做空，交易灵活，故近十年来获得投资者的青睐。

令人咋舌的是美国股市还有"做空"大盘指数的期指和期权的ETF交易品种。比如两倍做空道琼斯指数的ETF（DXD），两倍做空纳斯达克的ETF（QID），以及做空金融服务业指数的ETF（SKF）等，金融产品花样越来越多。当然它们的走势是反向的，也就是说，美国股市大盘指数涨，这些做空的指数则必然下跌；反之，大盘下跌，这些做空指数则上涨。因此，如果你看准了股市将要大跌，买入反向指数的ETF，必然大赚。其实，"做空"风险也是相当大的，通常不能长期持有。原因是股市长期看是走高的，如果长期持有做空股票或期权，则亏损的概率非常大；反之，方向做对了，这类反向指数的收益是很可观的。

尽管股市风险很高，而且总体上看输家远多于赢家，但股市仍然有着超强的魅力。正如人们谈论股市时，常常用来比喻人生起伏，风险和机遇同在，智慧和快乐相辉。同时，市场经济的基本核心特征：充分自由、多种选择、责任自负等都可以在股市里被发现。因此，吸引着众多的投资（投机）者。据资料反映，全美50%以上的家庭都涉足股票市场，股票价值占美国家庭财产的三分之一以上。然而，美国股票市场约三分之二的资金在基金手里。因此可以这么说，机构投资者掌控着整个股市。股票给美国家庭创造的财富难以计算。据专家估算，近30年，美国股票投资年回报率平均高达20%。

截至2017年3月30日收盘，纽交所股票市值27.87万亿美元，纳斯达克股票市值10.39万亿美元，包含其他交易所美股在内，全部上市美股（不含OTC）市值38.51万亿美元，占全球股市市值的40%以上（数据来源：wind）。美国股市之所以能长期保持稳健增长，推动股市指数的不断攀升，除了经济基本面持续好转和股市投资的财富积累效应外，股市资金的不断充值当然是重要因素。美国退休养老金（401K计划）和个人退休账户（IRA）都为长期的基金投资作出了巨大贡献。联邦政府规定，每一个从业人员，每年可以在401K计划和IRA账户中自愿投入上万美元，作为退休金留存起来。而这部分钱免征当年的个人所得税。这些免税的资金每年都大量注入股市，给股市带来充分活力和巨大流动性。美国股市交易品种丰富，交易费单一（近几年甚至出现了免费交易的券商，比如Robinhood），实行差异化税收制度（长期投资和短期投资的税率不同），其中双向交易作为双边市场的基本特征，具有非常重要的平抑股市暴涨和暴跌的内在机制，确实在一定程度上能起到对冲避险，调节稳定市场的作用。

回到本文开头提出的疑问，到底应该禁止还是允许"卖空"？"卖空"机制究竟有什么内在机理呢？其实可以把"做多"和"做空"看成是"肯定"与"否定"。否定之否定，即肯定。因此，股市本质上是众多投资者对股票走势的"否定"与"肯定"之间的博弈和拉锯，"肯定"则正向交易，"否定"则反向交易；而正向和反向的合力则决定股票的走势。这里引用恩格斯的关于用"力的平行四边形"产生的合力来解释社会历史发展的方向和结果的名言。

恩格斯在1890年9月21—22日致约·布洛赫的信中，阐明了合力："历史是这样创造的：最终的结果总是从许多单个的意志的相互冲突中产生出来的，而其中每一个意志，又是由于许多特殊的生活条件，才成为它所成为的那样。这样就有无数互相交错的力量，有无数个力的平行四边形，由此就产生出一个合力，即历史结果，而这个结果又可以看作一个作为整体的、不自觉地和不自主地起着作用的力量的产物。……每个意志都对合力有所贡献，因而是包括在这个合力里面的。"在这里，恩格斯是对社会发展的整体趋势所作的概括，即"总的合力"就是由历史主体选择性与历史客观规律性组成的合力，由个人的能动性和经济的决定性所构成，它表明历史进程就是物质条件与个人意志及其合力的统一。

那么，具体运用到分析股市交易活动中，也可以看成是众多散户和机构投资者的交易行为构成了一种力的"平行四边形"，而股市的走向则是由其合力决定的，并非由任何投资者个人或政府监管层来决定。当股市涨得太高时（国内有涨停板之说），需要有一种"否定"的力量来抑制其进一步的走高（此时仅有两种可能，即卖出平仓或卖出开仓）；而当股市超常下跌（跌停板），则有"肯定"的力量支持（此时也仅有两种可能，即买入平仓或买入开仓）。而这些"做空"的投资者，在股市下跌时，由于获利心切，必然要"买入平仓"从而获利，而这一平仓的动作，实际上产生的效果是抑制股市跳崖式下跌，从而起到"救市"的作用。与"买入开仓"，即以尚未实现的预期利润为目的的正向交易不同，在股市深度下跌过程中的反向交易，即"买入平仓"则是一种实现利润的动作，因此投资者的动力更强，可直接推动股市上涨，同时也促进了流动性。

　　股市的走势，往往是两种相反的力量平衡的结果，从这个意义上说，股市中的"做多"和"做空"两者缺一不可。股票走势一旦偏离，通过市场自动调节，用股市中众多投资者的合力这一"看不见的手"来达到新的平衡。而不是用"涨停板"或"跌停板"等扼杀股市活力和限制资金流动性的强力来制止。因此，大量散户和机构投资者的投资行为产生的合力对整体的股市走势具有重要意义，"每个意志都对合力有所贡献"，每一位投资者都对股市走势作出了各自独特的选择。从国家层面来说，股市交易存在的意义简单地说是为募集资金和促进流通提供"投资"场所，但从个人层面的获利动机角度来说，交易活动其实就是"投机"的机会。对于任何投资者个人而言，只要有利可图，正向和反向都是获利的手段。因此，股票市场的强大功能正在于：众多个人的"投机"行为，促成了整体的"投资"效应。而这也正是市场经济的本质所在：法人或个体的交易获利行为，促成全社会的福利。这也是政府利用市场这一看不见的手来调控市场的又一案例。通过"做多"和"做空"的推拉、升降来达到自动控制股票走势的目的,与其说是一种对冲机制在起作用,不如说是通过制度设计来维护普通股民利益的范例。

"做多"和"做空"双向交易是金融市场的基本制度。据史料记载,有记录的第一支股票发行于1602年,有记录的第一笔"做空"交易发生于1609年,可见二者同样历史悠久,相伴而生,不可分割。然而,在股市的交易实践中,"做空"交易也曾经历过四百年的争论责难与实践检验,双向交易的必要性及优越性逐渐得到各界的认可,已经成为平抑市场波动、避免单边行情的最成熟和最有效的工具。从现货做空到期货交易,从期货合约到期权合约,市场不断开发与双向交易有关的交易模式和交易品种,不断完善市场基础的交易制度,最终使其渗透到全球资本市场的各个角落。

"双向交易"是金融市场,特别是资本市场的基本制度,目前全球主要金融市场均已建立做空机制,双向交易成为资本市场普遍选择。因此可以说,双向交易历史悠久,是金融市场不可或缺的基础交易制度和有机组成部分,是金融市场的客观需求产物和内在稳定机制,也是金融市场健康发展的基础。

从股市的"做多"和"做空"双向机制,我们可以领悟出许多人生道理。当人们站在人生的十字路口,左右为难时,往往有两种截然相反的选项。两种选项似乎都各有充分的理由,就好比"多空双方"在博弈。然而,最终的选项可能就是折中方案。也就是"两害相权取其轻,两利相权取其重",两者各取其利,各避其害,即"合力"。如果此时只有一种选项,就可能致使人生步入歧途。"做多"和"做空"还体现在政治领域,好比政治派别的"左"和"右",或"执政党"和"在野党",其各自的理念或路线走向不同，通常也可以看作"肯定"和"否定"两种势力的较量。如果只有一种力量，而没有另一相反的力量，有可能导致自我膨胀，唯我独尊，也就有可能偏离正确的轨道，导致路线错误。

国内金融市场尚未成熟，制度设计上存在一些漏洞。在股市不景气或深度下跌时，普通股民常常寄希望于国家出面来"救市"，监管层顾此失彼，没有从制度设计上着手，改变目前单边市场（即只能做多，不能做空）的局面。虽然近年来开始启动有关期指期货卖空机制的实践，但范围小，参与的机构和投资者数量有限；个股期权交易也并未实行，尚未形成良性的双向交易的金融生态，与国际金融市场经过数百年实践证明有效的交易制度相比，仍然存在差距。

国内金融市场初创时，对卖空的负面影响考虑较多，故明确禁止卖空交易，在股市暴跌时政府介入较多是可以理解的。但经过几十年的实践和摸索，市场和股民都在一定程度上具有了心理上的承受能力和实际操作经验。因此，完善制度建设确实应该提上议事日程了。2018年，在十三届全国人大一次会议新闻中心举行的记者会上，周小川等就"金融改革与发展"相关问题回答中外记者提问中，曾明确告知："总体来讲，金融市场的双向开放还是会不断地迈出步伐。"因此，如何运用制度上的良好设计，利用双边市场本身的力量来平抑暴涨暴跌，正视双向交易机制的作用，不断完善双向交易机制，形成良好的金融生态系统，是值得认真思考和借鉴的。当然，在实践过程中，防范投机者通过恶性卖空来打压金融市场也是需要引起注意的。中国股市的长期稳健增长和繁荣是人心所向，中国金融市场的稳定和发展，也必然昭示着政治稳定和人心稳定。

概念提要

▶ 反向交易（Reverse Trading）

反向交易，也称为卖空交易，是指执行与当前市场趋势相反的交易。在金融市场中，通常是在资产价格下跌时买入资产（预期未来上涨），反向交易则是在资产价格上涨时卖出资产（预期未来下跌）。它通常被用作利用短期价格波动或对冲其他投资潜在损失的策略。

主要特点：

（1）卖空：一种常见的反向交易形式是卖空，投资者借入股票并出售，目的是以较低的价格回购并归还给贷方，从而从价格差异中获利。

（2）精准的市场时机：成功的反向交易需要精确的市场时机和预测市场逆转的能力，这使其成为一种复杂且冒险的策略。

（3）对冲：投资者可以使用反向交易来对冲其投资组合，通过持有在其他投资下跌时可获得增值的头寸来防范下行风险。

示例：

如果股票被高估，且投资者预计其价值会下跌，他们可能会通过卖空股票进行反向交易，希望以较低的价格买回以获利。

▶ 个人退休账户（Individual Retirement Account）

个人退休账户（IRA）是美国的一种税收优惠投资账户，旨在帮助个人为退休储蓄。IRA 的供款可能免税，并且账户内的投资免税或延税增长，具体取决于 IRA 的类型。

主要特点：

（1）IRA 的类型：最常见的两种类型是传统 IRA 和罗斯 IRA。传统 IRA 允许免税缴款，而退休时的提款则作为收入征税。罗斯 IRA 使用税后缴款，但退休时的提款免税。

（2）缴款限额：个人向 IRA 缴款的金额有年度限制。2024 年的限额为 6 500 美元，50 岁及以上者可额外补缴 1 000 美元。

（3）税收优惠：传统 IRA 以免税缴款的形式提供即时税收优惠，而罗斯 IRA 则通过免税提款提供未来税收优惠。

示例：

个人每年可以向罗斯 IRA 缴款 6 500 美元，投资于多元化的股票和债券投资组合。收入增长免税，退休后可以免税提取资金。

▶ 交易型开放式指数基金（ETF）

交易型开放式指数基金（Exchange-Traded Fund 或 ETF）是一种在证券交易所买卖的开放式基金产品，与股票非常相似。ETF 持有一系列资产，例如股票、债券或商品，并为投资者提供一种多元化的投资组合方式，而无须购买每一种证券。

主要特点：

（1）多元化：ETF 通过汇集各种资产来实现多元化，这有助于将风险分散到多个投资中。

（2）流动性：ETF 在证券交易所交易，流动性高，这意味着它们可以在交易日内轻松买卖。

（3）成本低：与共同基金相比，ETF 通常具有较低的费用率和管理费，使其成为一种具有成本效益的投资选择。

示例：

想要投资科技行业的投资者可能会购买科技 ETF 的股票，例如QQQ，该ETF跟踪纳斯达克100指数的表现，从而接触到广泛的科技股。

▶ **个股期权（Stock Option）**

个股期权是一种金融衍生品，赋予持有者在指定时间段内以预定价格（执行价格）买入或卖出特定数量标的股票的权利（但没有义务）。

主要特点：

（1）期权类型：股票期权主要有两种类型：看涨期权（赋予买入股票的权利）和看跌期权（赋予卖出股票的权利）。

（2）杠杆：期权允许投资者用较少的资金控制较大的头寸，从而有可能在增加风险的情况下获得更高的回报。

（3）到期：期权有到期日，如果未行使，则到期后将变得一文不值。这使得它们适合短期至中期投资策略。

示例：

投资者以50美元的执行价格购买股票的看涨期权，到期日为三个月后。如果股票价格上涨至60美元，投资者可以行使期权以50美元的价格购买股票，从而从市场价格和执行价格之间的差价中获利。

美国高校是如何激励私人捐赠的？

本篇概要

本篇作者描述了自己在获得博士学位后加入位于达拉斯的某州立大学，并与母校芝加哥大学保持联系的经历。母校通过邮件和信件频繁联络，鼓励作者捐款以回报学校的帮助。作者反思了捐赠母校的行为，认为这是一种双赢的举措，不仅帮助学校发展，也让校友增加了自豪感。

作者进一步分析了美国高校的资金来源，包括政府拨款、学费及捐赠收入。捐赠收入尤其重要，影响学校的名声和发展潜力。为保障捐赠收入，美国高校设有专门的"机构推进"部门，负责捐赠管理和校友关系，捐赠已经成为高校发展的重要一环。作者指出，美国高校募捐有多种形式，如直接捐赠和基金方式，且对捐赠者提供多种优惠政策以激励捐赠。美国高校注重与校友和捐赠者保持联系，并通过校长和专业化团队进行有效的募捐管理。此外，美国政府的免税政策也为捐赠创造了宽松的环境。

相比之下，中国高校在捐赠方面起步较晚，捐赠收入在高校总收入中占比较低。作者强调，中国需要借鉴美国高校的经验，通过完善政策和管理机制，激励社会力量捐赠教育，形成良性的捐赠文化，以推动高等教育的发展。

十几年前，我拿到了博士学位后，获得了位于达拉斯的某所州立大学的教职。次年，母校芝加哥大学校友会的工作人员用电子邮件与我联系，并约时来到我所在的大学与我见面。那天，他来到我的办公室，一手提着一叠材料，一手亲切地与我握手。交谈中介绍了母校发展情况，以及在达拉斯附近的一些校友，并赠送给我"校友通讯"等资料，说需要帮忙的时候可以找他们。我初来乍到南方，他提供的消息，不啻给人鼓舞。随即他提出了希望我将来给母校捐赠的事宜。我随口答应，并未特别放在心上。

此后，几乎每年都有母校的求捐信息发到我的邮箱。有电子邮件，也有发往我住址的普通信件，甚至常常有 follow up 的信件（即你收到信之后跟进发给你同样的信）。扪心自问，当初我在读博期间，曾获得母校的全额奖学金，除全免昂贵的学费，还有基本月薪（够维持一家人的生活），如今有了稳定教职，确实应该回报母校呀。因此我时不时地把几十或上百美元打款给母校，聊表感谢之意。每次捐款后，母校都会寄来感谢信和收据，并告知可以报税抵扣等。后来与当地的华人教授聊天谈起此事，他们都有相似的经历。细想也不足为怪，校友捐赠不仅是曾经的学子回报母校的一种义举，也是母校与校友保持联系、发展关系、扩大影响的一种双赢举措。母校以校友获优异成绩为荣耀，校友则以母校持续发展而骄傲。因此，校友捐赠是再自然不过的事了。

在美国高校的办学经费来源中，捐赠收入作为一种重要的资金来源，无论是私立大学还是公立大学对此都相当重视。当然，由于高校性质不同，经费来源的构成比重也有很大差别。但一般而言，主要的经费来源渠道有以下几种：

（1）联邦或州政府拨款。无论是公立大学、私立大学还是社区大学，都能或多或少地从联邦或州政府那里得到财政拨款，公立大学获得的拨款多一些，私立大学则要少许多。公立大学的拨款方式有两种：一种方式是按学生人头定额，主要解决学校运行经费问题，包括行政管理费用等；另一种方式是按专项建设或科研计划，经审批后拨款。

（2）学费及杂费。学费是美国高校的主要收入来源。公立大学、社区大学收费与私立大学相比要低很多，因此教师的薪水相对较低；私立大学学费昂贵，教师的薪水则比较高。一般来说，学费占学校总收入一半左右。学费通常按学年收取，除此以外各校还收取住宿及其他杂费。

（3）捐赠收入。捐赠收入是美国高校收入来源的重要组成部分。捐赠收入的金额及占比在各校之间差距较大，私立大学最多的高达近70%，公立大学一般也有10%左右。捐赠收入包括指定用途的捐款和非指定用途的捐款，指定用途的包括学生奖、助学金、专项建设项目及专项科研经费。

就以笔者所在的州立大学为例，每学期开学后第二周，任课老师需要上报学生人头数，即自己所开设的课程总共有多少学生在册（除去两周内中途取消选课的学生）。这是为了上报州政府，获得拨款。由于公立学校的学费和杂费相对比较低，各公立学校都是统一按政策规定收取，因此学校的发展好坏主要还是靠捐赠收入。也就是说，学校各种公共关系发展得好，名声佳，校友中"牛人"多，社会捐赠多，则发展的潜力大，吸引的学生也多，从而得以良性循环。因此，校长往往把通过捐赠或各项筹款获得充足的办学经费以及注重战略性远景发展看作是自己的一项重要任务和职责。美国大学校长一般不管教学，只管大政方针、社交和筹集经费。教学工作则都由教务长分管。为了从组织机构上确保捐赠收入的落实，学校专门设有"机构推进"部门，并设有分管副校长主持此项工作。而该机构的宗旨即："为大学和社区提供公共的和私人的支持，为捐赠者创造个人传奇并为后人所敬仰。我们的工作是努力开发捐助者的兴趣与大学需求相匹配的资源，并鼓励教师、员工和学生与校友参与。"该"机构推进"由几个部分组成：发展部负责有关捐赠事项、捐赠计划等；推进服务部负责对捐赠者的管理与联系，财务基金管理等事项；校友关系部负责联络校友、年度活动、校友联谊会等。

高校捐赠收入很大程度上与校友会工作的成效成正相关。校友是美国各大学捐赠群体的中坚力量。校友会通过各种方式与历年的校友取得联系，定期向校友发放出版宣传刊物、向捐赠者及社会公众传递有关大学规划、目标、发展、变化等信息，经常举办校友联谊会，邀请校友们回校进行座谈、讲学、聚会，并每年固定一个日期举行校友捐款活动。因此，校友是巨大的无形资产，是美国高校接受社会人士和私人捐赠的重要资源。

总体上讲，美国高校捐赠收入主要通过两种方式筹措：

（1）直接捐赠：个人将自己的财物所有权、处置权或使用权转移给大学。捐赠的形态可以有货币、土地、建筑物、艺术品、遗产、股票、建筑物使用权等。如果捐赠的是货币，一般也会指定用于某项活动或作为专项用款。这些受赠的财物，学校一般可以直接处置或使用。

（2）基金方式：基金会方式所取得的资金性质是货币或有价证券。也有的捐赠是非货币形式，一般最终要转化成货币或有价证券。而大学将资金集中管理，进行基金资本运作，尔后对收益部分进行使用，一般不会对本金直接进行分配使用。基金一般由大学基金会统一管理和运作。

笔者所在的州立大学规定，通过基金方式捐赠，可以一次或多次捐款，如总额共计25 000美元以上，则可建立一个永久性基金。通常捐赠基金是将投资之后的盈利部分用于支付所赞助的项目。捐赠基金可以为纪念亲人和朋友而命名设立，捐赠基金命名由捐赠人确定。

对于所有捐赠收入，学校基于捐赠基金的协议，通过规定捐赠的目的、形式、进度等来进行管理。捐助者可以立承诺或备忘录来表述他们的捐赠对象和偏好。每件捐赠都有收据，以此作为捐赠者为大学提供他们的贡献的证明，并可以作为慈善捐款而豁免交纳个人所得税。同时，"推进服务"部门的工作是确保所有支出均符合捐助者的愿望。

除了对校友和社会人士的捐赠激励之外，笔者所在的州立大学也为现任的教职员工提供捐赠的机会。比如，该大学设有"桥梁建设者"（Bridge Builders）。它是为方便现任的教师（或退休教师）和工作人员向本校提供数额不等的捐款、礼物或购物捐赠而设立的一种机制。"Bridge Builders"一词是从本校100多年前的初创者梅奥教授（Professor Mayo）最喜欢的一首诗中摘取的，这一词语体现了教师和工作人员为学生成长作出贡献的慷慨，意味着在学生和教师之间建立桥梁。

"地砖花园"项目（Brick Garden）是笔者所在学校为教职员工提供捐赠教育的一种形式。也就是一种"购砖捐款"，即捐赠者可为学校的校友中心购买一块地砖，上面刻有捐赠者所希望的、有纪念意义的语句等。我也曾参与这一项目，花125美元购买了一块地砖。学校由此获得了捐赠，而个人和家属也实现了愿望。

"教职员工通过捐赠参与学校的活动，也感受到了学校发展的使命感。体验到作为校园的成员之一，个体在大学的发展中扮

"购砖捐款"者可以在砖上刻写具有纪念意义的姓名永久保留

演着重要的角色。因为无论在校园里从事哪项工作，教职工都可以间接地为学生提供无与伦比的帮助。"因此，教职员工与校外人员之捐赠举措的差异也在于此。事实上，现任教职员工参与捐赠有时可能会对捐赠者个人的成长前景大有裨益。

高校募捐形式还有大型募捐筹款运动，这是一种不定期的专项筹款，规定在一定时间段内完成一定数额的筹款。另外还有常规募捐，即每年学校都固定一个时期举行定期的筹款活动。美国高校教育募捐的主要对象为企业、富豪、杰出校友，也面向普通群众等。

在美国，教育是具有公益性特点的社会产业，社会捐赠教育理所应当。美国高校接受捐赠办学的传统由来已久。在创建初期，大部分大学都是私人捐资创办的。有资料显示，在1860年以前的264所院校中，私立大学占247所之多，其中大多是由教会牧师或私人捐赠建立起来的。今天仍然著名的哈佛大学、耶鲁大学、斯坦福大学、约翰斯·霍普金斯大学、芝加哥大学等，就是当年接受捐赠而创立发展起来的典范。世界著名的哈佛大学的命名最早可以追溯到1638年，约翰·哈佛在美国第一所高等学校剑桥学院成立时捐赠了300卷文献资料和800英镑，为了纪念哈佛的慷慨义举，学校更名为"哈佛学院"。1718年，英国商人伊莱休·耶鲁向一所教会学校捐赠了大量钱物，对学校的发展起了巨大的作用，人们为了纪念他，将学校命名为"耶鲁学院"，它就是耶鲁大学的前身。渐渐地，这些捐赠兴学的先例形成一种风气，潜移默化地成为美国社会的传统。

纵观美国高等教育的发展历程，社会捐赠之风一直伴随美国高校的成长。进入20世纪，随着美国经济的崛起和富人群体的大量涌现，热心高等教育的人士更是纷纷慷慨解囊，资助大学的建设。社会各界对大学的捐赠既有社会名流、企业巨子、商业富豪、杰出校友的巨额捐赠，也有关心大学教育的小型公司、一般校友、普通群众等的中小额捐赠。除了个人捐助之外，还有来自富翁所成立的慈善基金会的捐款，如卡内基基金会、洛克菲勒基金会等。

美国高校激励捐赠的特点可以概括为以下几个方面：

一是掌门人亲自挂帅。

在美国高校，校长的主要职责之一就是筹资，每年要花费很多时间和精力与捐赠者面谈，介绍学校的发展目标和振兴学校的计划。美国高校校长（也有称CEO的），像经营公司一样重视对大学的经营，树立学校自身的品牌和核心竞争力并对外宣传和推销，对象包括在校学生、校友、学生家长、公众、企业及其他组织。而高校与公司不同之处在于，"产品"生产出来后有可能成倍地回馈给"产品的生产者"。因此学校从一开始就要把学生定位为学校未来的捐赠者和学校对外的宣传推销者，善待学生对于学校的发展和接受他们的捐赠具有非常关键的作用。校长通常也会专门配备一名副校长以及整套机构成员专职从事募捐筹款工作，以确保捐赠工作落实到位。

二是专业化基金管理。

美国各大学都设有称为发展部或推进部、基金会等的专门机构，这些机构配备相应的人员，长期从事募集资金的工作。通常，捐赠基金的收益部分是根据捐赠者意愿来确定用途的。捐赠者如果指定该笔捐赠只能用于学生奖励或困难资助，甚至只能资助某领域、某专业方向、某地区、某些或某个学生等，则该笔资金只能按要求使用。而捐赠基金的本金则用于投资，以实现增值保值。基金管理由理事会（或董事会）依据相关法律和制度、根据基金会及大学的实际情况科学决策是用于大学发展还是用于投资进行增值保值。

三是关心捐赠者利益。

捐赠者都有自己的希望和利益所在，不应试图认定捐赠者是一个没有利益要求的无私的人，也要摈弃如捐赠者有自己的利益诉求就不正当的错误思想。美国高校之所以能获得大量私人捐赠与获捐赠高校灵活的政策相关，如授予捐赠者荣誉称号（荣誉博士学位等），给予捐赠者命名权（如命名某一教学楼、图书馆等）。私立大学也有可能招收捐赠者家族的子女就读，私立大学医学院也有可能为捐赠者家族提供某些特惠健康医疗服务等。此外，受赠机构的募捐策略会影响到捐赠人的决策，校友就读大学期间的学习、社团及其他经历也会影响捐赠人日后的捐赠决策。因此，对捐赠者利益作细致灵活的安排，尤其是私立大学，由于其特殊性更可以采取具有较多灵活性的吸引捐赠举措，才能够充分满足捐赠个人的物质和精神收益，这往往带来很好的效果。

四是免税性政策扶持。

美国政府和公众对于高校接受社会捐赠的行为也给予极大的支持和充分的理解，政府对捐赠者一律实行全免税政策，该政策的实施刺激了捐赠者的捐赠热情，公司和私人也乐于资助大学的发展。因此，在捐赠大学教育的同时，可免除个人所得税或公司所得税，在扬名的同时，可以免税，这对许多有钱人或大公司而言是一种"理性选择"，从而为大学接受社会捐赠创造了宽松的环境。美国政府在个人所得税法设计方面考虑到了激励社会公益机制，为捐赠举措制定了一系列长期优惠政策，为激励各种捐赠创造了良性的"捐赠生态环境"。因此，捐赠教育、捐资助学成为美国的一种重要文化现象。

美国高校的私人捐赠教育的繁荣，是其宏观层面制度设计、社会精神以及具体操作方式的综合性结果，这不光吸引了大批本国富豪和普通民众向高等教育以及各种慈善机构捐赠，也吸引了其他国家的富豪不断向美国的高等教育机构提供捐赠。其原因恐怕也是这样的捐赠支持制度匹配了他们的捐赠需求，使他们作为一个"经济人"获得了精神和物质收益的最大化。

反观国内高校，由于高校是国家产业，教育历来由国家拨款，因此改革开放前几乎无捐赠教育可言。在国人眼中，大学是国家办的，是国家的事业单位，让社会或私人捐赠有损公立大学的面子。在这样的体制下，教育发展依赖政府拨款的心理和羞于向私人募捐的观念根深蒂固。改革开放后，情况发生变化，社会办学的呼声越来越强，国家政策文件中提出了"吸纳社会力量共同办学"的方针，国内高校中实行办学经费渠道多元化、向社会募集办学资金，吸引外资助学的风气开始出现。20世纪八九十年代，我在国内高校期间，也听说有国外或香港的实业家来中国或内地投资学校建筑,或命名图书馆等。然而,那时还未有国内社会人士捐赠大学之说。

近几年来,开始出现不少富豪捐赠国内高校的例子。《中国教育经费统计年鉴》的数据显示,中国高校在2012—2014年获得社会捐赠收入占总收入的比例,分别为2012年的0.52%、2013年的0.53%和2014年的0.46%。国内知名大学如清华大学、浙江大学、北京大学、上海交通大学、复旦大学的最大收入来源依然是财政拨款收入和事业收入,捐赠收入的比重相当低,在大学总体收入中不到1%。前几年清华大学某年的捐赠收入达4亿元人民币,为国内最高。而在大洋彼岸的美国哈佛大学同年收到单笔捐赠就达4亿美元,为该校已达364亿美元的基金账户再添厚实的一笔。近年有资料表明,2016年电子科技大学60周年校庆时的校友捐赠总额近17亿元,刷新了国内高校捐赠的最高纪录。《中华人民共和国慈善法》自2016年9月1日起正式施行,明确提出了减免税费、金融支持等促进措施,无疑将给捐赠教育带来新的前景。

除了政府方面需要对于捐赠教育的税收政策提供配套扶持之外(对个人捐赠款项免除所得税,对此国内现有的税收制度尚无法实现),教育依赖政府拨款的心态依然浓重,全社会"捐赠教育的生态"尚未形成。此外,高校主要领导对捐赠工作不够重视,机构设置不够完善,缺乏捐赠的渠道,对捐赠资金管理的疏漏等,也可能是国内大学捐赠工作难以奏效的原因。美国高校激励私人捐赠教育的成功,不仅仅表明它的资金募集和管理方面的经验,能有效解决办学资金紧张的问题,更重要的是它体现了教育的理念、社会的精神、制度的保障。因此,国内高校要真正推动社会或私人的教育捐赠,非标本兼治不能奏效。

概念提要

▶ **校友关系（Alumni Relations）**

校友关系指的是教育机构与其毕业生之间维持和发展的关系。这包括通过各种活动和通信保持联系，促进校友之间的互动和支持学校的持续发展。校友关系的管理通常涉及组织校友活动、发送新闻通讯、建立校友数据库等，旨在增强校友对母校的归属感，并激励他们通过捐赠或其他方式支持学校。

▶ **捐赠（Donation）**

捐赠是指个人、组织或企业无偿给予他人或机构的财务或物质援助。捐赠的形式多种多样，包括现金、股票、土地、艺术品等。捐赠可以有指定用途（如奖学金、建设项目）或非指定用途，受赠者可以根据捐赠者的意愿使用这些资金或物品。捐赠行为不仅有助于受赠机构的发展，还可以为捐赠者提供税务减免和社会荣誉。

▶ **基金（Endowment）**

基金是一种为特定目的设立的资金集合，用于长期支持某些活动或机构的发展。基金通常由个人或组织捐赠，并由受赠机构进行投资和管理。基金的本金一般不会被使用，而是通过投资增值，将产生的收益用于支持教育、科研、奖学金等特定项目。基金的管理需要遵守严格的财务和法律规定，以确保其可持续性和对捐赠者承诺的兑现。

▶ **永久性基金（Permanent Fund）**

永久性基金是一种特定类型的基金，旨在通过持续投资本金并使用其产生的收益来长期支持特定目的或项目。永久性基金的本金不被动用，而是通过投资产生收益，用于支付预定的项目或开支。这种基金通常被用于支持大学奖学金、教席、研究项目等，确保其长期的财务稳定性和持续支持。

▶ **筹款运动（Fundraising Campaign）**

筹款运动是指在特定时间段内，为实现某一目标或支持某一项目而进行的有组织、有计划的募捐活动。筹款运动可以涉及个人、企业、基金会等多个募捐对象，采用多种形式如捐款、义卖、募捐活动等。其目的是在一定时间内筹集到足够的资金，用于特定的教育、公益或其他需要资金支持的项目。筹款运动的成功往往依赖于精心策划和广泛宣传。

久负盛名的"世界名人录"是如何商业化经营的?

本篇概要

《马奎斯世界名人录》是一部记录全球各界名人的出版物,记录了数十万人的详细信息,包括出身、家庭、教育、职业成就等。尽管存在商业运作和争议,但该名人录在社会中依然具有很高的认知度和认可度。本文通过电话询问、采访资深教授和文献查阅,探讨了名人录的入选标准、商业化运作和社会影响力。

作者描述了自己的亲身经历,强调获得《马奎斯世界名人录》阿尔伯特·纳尔逊·马奎斯终身成就奖的过程和感受。详细说明了名人录的历史背景、发展过程和评选标准,指出这一奖项主要表彰在各自领域取得长期成就的个人。此外,文章也探讨了名人录的商业化运作,包括批量出品、用户拓展和推广策略等。

尽管有人质疑其商业化运作,但其在记录和传播名人事迹方面的价值不容忽视。名人录作为一个拥有百年历史的出版物,凭借其独特的商业模式和广泛的社会影响力,依然在全球范围内享有盛誉,成为人们了解和研究社会名人和历史的重要参考。

早就听闻有国内知名人士以及学术界的老前辈被载入 Marquis Who's Who（中文译名为《马奎斯世界名人录》，文中将统一使用此名）。十多年前本人读博期间，在UIC学校图书馆里也曾查阅这一名人录。厚实的出版物，沉甸甸的精装本，记载着数以十万计的历史上的美国以及世界各国的名人，每篇传记包括此人士的出身、家庭、教育和学历、职业经历、创意作品、奖励、成就、兴趣爱好和联系方式等信息。据说能够获得此项殊荣，则此生无憾。但我也侧耳听到各种吐槽，什么商业伎俩，出版骗局，"有钱能使鬼推磨"等，褒贬不一，毁誉参半。尽管如此，众人仍以此为荣，心向往之。在国内的百度搜索"Marquis Who's Who"也可以大致查到相关信息。这里仅举三例（姓名隐去）：

• 某某，博士，教授，男，某年某月生，中国某地人，民盟盟员，欧洲海水淡化学会（EDS）会员，2008—2010欧洲海水淡化学会12位理事候选人之一，……《马奎斯世界名人录》（2010版）收录。

• 某某，美籍，生于中国某某市（祖籍：中国某某省）。美国油画和摄影艺术家、艺评家。美国美术家协会和美国作家协会会员。……入选《马奎斯世界名人录》（第31—33版）。

• 某某，香港大学心理学博士，美国心理学会（APA）会员，国际书法治疗学会（ISCT）副会长，《大公报》心理专栏作家，香港大学中国商业学院，……列名《马奎斯世界名人录》。

也有人居然利用人们的虚荣心，给沽名钓誉者提供机会，打着"马奎斯世界名人录"的旗号来做买卖，蒙骗不明真相者。网上有此为例："……具有《马奎斯世界名人录》提名资格的在中国估计不过二三千人，但能够被录用的就更少了。需要通过这个途径收取少量的'佣金'。如果具有以下条件：1. 具有博士学位；2. 具有一定的专业技术能力（特殊业绩）。且愿意向本人支付10万美元，本人将尽力促成，附该书主编让本人推荐的信函。云云。"可笑可鄙之极。

由此可见，国人对此心态各异：好比有一家百年老店的"名牌"货，价格不菲，众人趋之若鹜，可道不出何以为名牌，又怀疑它的纯正性；甚至还有人仿冒造假，使之良莠难分。其实对这种"名牌效应"的怀疑早已有之，古今中外，概莫能外。更多的人是不知所措：《马奎斯世界名人录》到底含金量有多少？入选的标准是什么？有道是：雾里看花，终隔一层。本文谨以本人亲历，客观描述，澄清事实，起到"拨雾看花"之效，对"花"的褒贬则由看客各自拿捏。

我以往对此类"世界名人录"并不特别在意。记得十几年前在读博期间曾收到 Marquis Who's Who 寄来的邀请信并填写过一份个人学术表，但总以为自己这辈子与世界名人无缘。直到最近本人意外获得《马奎斯世界名人录》的阿尔伯特·纳尔逊·马奎斯终身成就奖证书，才开始关注。说来正巧，在我的本命年生辰之后的某一天，家里邮箱里出现一个与往常不同的大信封，寄信人是 Marquis Who's Who。我觉得有些纳闷，打开信封，看到一个文件夹，里面是一张证书，一封主编兼CEO弗雷德·马克斯（Fred M. Marks）签名的亲笔信，还有一页产品介绍。

证书上面写着：

《马奎斯世界名人录》出版社董事会
很高兴地确认孙嘉明先生作为
阿尔伯特·纳尔逊·马奎斯终身成就奖的获得者

Marquis Who's Who 寄来的信封、文件夹和三份文件

马奎斯个人传记的荣誉是为那些长期在自己的专攻领域不懈努力作出卓越成绩者而准备的 CEO 兼主编 弗雷德·马克斯

弗雷德·马克斯主编签名的亲笔信上的内容大致是：

  尊敬的孙先生，我们很高兴地确认您是2017年阿尔伯特·纳尔逊·马奎斯终身成就奖的获得者。
  请收下给予您的证书，以纪念这个受人尊敬的荣誉。

在信中的最后一行写着：P. S. There is No cost to you as an award recipient. You are under no obligation to purchase additional products or services. 即作为获奖者，您无须付费。您没有义务购买其他产品或服务。

同时，此信也提及评审委员会对获此奖项者的几条标准。

说感到意外，是因为事先没有任何迹象或与此次获奖相关的信件，而且是直接寄到家里（可是我当年填表时的地址是在外州）。人到了"耳顺之年"，心态安然，对此类天上掉下的"馅饼"并不会随即俯身拾起，先得弄清楚原委才可以考虑是否接受。于是我做了三件事：

一是电话询问。

收到证书的几天后，我打电话到《马奎斯世界名人录》总部询问。电话接通后，我说明打电话的原因。接线员要求报上真实姓名，核对数据库后果然无误。然后，对方确认住址，稍候，转接电话到本州（估计可能美国各州有不同的公司代表），再次核对姓名以及工作单位等信息。让我诧异的是，他们所掌握的这些信息都精准确切。我不禁问道，贵出版社是根据什么标准授予本人这一荣誉的？我被告知，"我们的调查团队对您的资格作了审查，您的信息是根据以往的数据库资料以及网络更新数据获得的。"因为在美国，大学教授的所有信息都是"共享信息"，每个学期来临，各个教材出版社常常会根据这些教授开设课程的信息把试用教材直接寄到教授办公室，常常出现同一课程有几种不同出版社的教材可选择的情况。接线员告知："对于奖项本身您不需要支付任何费用。但是如果您希望能上网查询，或在《马奎斯世界名人录》网站上建立一个账号，我们需要收取费用。"这一费用包括了推广宣传、印刷出版等。由此可以传送这些网页（以前只是纸质版名人录，现已有电子版），让亲友获知获奖信息。收费档次如下：

◦ 完整终身成就套餐（Full Lifetime Achievement Package）989美元

◦ 标准终身成就套餐（Standard Lifetime Achievement

Package）689美元

二是教授采证。

有了主办方的电话询问核实，还需要"兼听""用户"的反馈。我估计这样的奖项在大学教授中应该有不少人曾获得过。于是，我发电子邮件询问了三位我本人熟知的资深美国教授，年龄都在70多岁。这里摘录他们三人不同的回复（姓名隐去）。

○ 教授A："I think it's mostly a gimmick to sell you a book and plaque."

（"我认为他们的主要意图是诱使你买一本书和一块奖牌。"）

○ 教授B："Going good Jiaming! I have no knowledge about that award. You may check that on the internet or by calling them. Let me know if you need a recommendation from me."

（"好消息呀！可是我不太了解这个奖项。你可以在互联网上查询或者打电话给他们。如果你需要我的推荐，请告诉我。"）

○ 教授C："It is nice to receive an acknowledgment of your professional reputation, and it is a CV item. You have an outstanding reputation! I am in several of *Marquis Who's Who* older publications. In some circles, these listings are considered notable (i.e., business, politics, celebrities—people with public personas), however, these listings are not scholarly nor much respected in academic circles. But it is nice to be selected and have a listing. So congratulations on your Albert Nelson Marquis Lifetime Achievement Award listing！"

（"你的学术声誉能得到认可是很好的事呀，它可以作为放入你学术简历中的一个条目。说明你有很好的声誉！我已经好几次被载入《马奎斯世界名人录》以往的出版物中。这一奖项在某些圈子中，比如商业界、政治界、明星界（有公众角色的人），被载入名册被认为是引人注目的。但是在学术界，由于它在学术上并不具有权威性，因此也不是很受重视。但还是很高兴你被载入名册。所以祝贺你获得'阿尔伯特·纳尔逊·马奎斯终身成就奖'！"）

可见，美国高校教授中并非所有教授都非常明白"阿尔伯特·纳尔逊·马奎斯终身成就奖"是怎么一回事。教授A可能有此经历，他已出版过若干大学教材；教授B也许不太了解这类名人录，他的出版作品相对比较少；教授C确实是世界级的著名教授，有相当多专业领域的图书出版物。因此，他们凭借以往的经验，都比较客观地表述了他们各自的观点。

三是文献查阅。

为了更全面了解这一奖项以及 *Marquis Who's Who* 的源起、发展和现状，还需要作更多的文献研究。于是我在网上查找相关信息。《马奎斯世界名人录》创立于1898年，是"马奎斯名人录"出版公司出版的多种名人录的旗舰刊物。该公司出版的名人录还有《美国名人录》(*Who's Who in America*)、《美国妇女名人录》(*Who's Who of American Women*)等十数种。

出版公司的创始人是阿尔伯特·纳尔逊·马奎斯（Albert Nelson Marquis，1855年1月10日—1943年12月21日）。他早年在芝加哥从事新闻出版业，以创作Who's Who系列作品而闻名，1899年首次发行《美国名人录》。阿尔伯特·纳尔逊·马奎斯出生于俄亥俄州的迪凯特。1876年，在他21岁时，他在辛辛那提创立了以自己的名字命名的公司：A. N. 马奎斯公司，并于1884年搬到芝加哥。他的早期出版物一般是指导书籍、分类广告和地图等。以后转向合伙出版个人传记，并于1926年开始成为Who's

Who公司的完全所有者，直到1940年依然是该出版物的"总编辑"。他在1943年12月21日在伊利诺伊州埃文斯顿的家中因心脏病去世。此后，以他名字"阿尔伯特·纳尔逊·马奎斯"来命名获得杰出成就的个人，并授予这些名人以"终身成就奖"证书。一百多年来，Who's Who出版物中的名人记载，无与伦比地覆盖了当今世界的领导人和美国与世界各地的成功人士的传记以及他们在各自重要领域的杰出成就。每天都有数以万计的图书馆员、学生、研究人员、企业高管、记者、人事招聘人员等查阅《马奎斯世界名人录》，找到他们需要的信息以及可使用的更为深入的个人资料。

这里列举少数已获得"阿尔伯特·纳尔逊·马奎斯终身成就奖"的名人：

政治家：科林·卢瑟·鲍威尔（Colin Luther Powell，1937年4月5日出生），第65任美国国务卿，美国历史上官位第二高的非裔美国人，仅次于美国第44任总统巴拉克·奥巴马。

首席执行官：蒂姆·库克（Tim Cook，1960年11月1日出生），现任苹果公司首席执行官。1982年毕业于奥本大学工业工程专业。1988年获得杜克大学企业管理硕士学位。1998年年初，库克进入苹果公司，任副总裁，主管苹果的电脑制造业务。2011年接替乔布斯担任苹果公司CEO。

知名学者：保罗·克雷格·罗伯茨（Paul Craig Roberts），先后毕业于弗吉尼亚大学佐治亚理工学院、加利福尼亚大学伯克利分校、牛津大学，并获得博士学位。他曾在里根政府时期担任美国财政部部长助理、美国国会议员，还曾是《华尔街日报》的副主编和专栏作家。

中国学者：茅于轼（1929年1月14日出生），中国经济学者。代表作有《择优分配原理》《中国人的道德前景》。1985年出版《择优分配原理——经济学和它的数理基础》。被《马奎斯世界名人录》选为1993—1994年度世界名人。

中国学者：邓伟志（1938年11月出生），中国社会学家，上海大学终身教授。历任上海市社会学会副会长，全国年鉴研究中心副秘书长，民进第七届中央常委、民进上海市委副主任委员等职，著有《中国家庭的演变》《生活的觉醒》等。

根据以上电话询问、教授采证、文献查阅所得到的信息资料，可以大致了解《马奎斯世界名人录》以及阿尔伯特·纳尔逊·马奎斯终身成就奖的来龙去脉。可以得出这样的结论：《马奎斯世界名人录》已有百年以上的历史。能长期存在，必有其合理性。然而，在市场经济条件下，任何实体要长期存在并发展，非运用商业化运作模式以及实施必要的营销策略不可。何为"商业化运作"？简单地讲，就是其商业运作必须符合以下的条件：批量生产，扩大受众，市场选择，营销策略。而其中的"营销策略"，则是商业化运作的核心。本质上讲"营销策略"是营销人

1992年《民主》杂志刊载邓伟志入选《世界名人录》的报道

员用来推动消费者购买某一特定产品或服务的手段。因此,"营销策略"也常常被贬为"营销伎俩"。

"营销策略"中的4P理论是比较典型的营销理论,产生于20世纪60年代的美国。杰罗姆·麦卡锡(McCarthy)于1960年在其《基础营销》(Basic Marketing)一书中将营销活动中的要素概括为4类:产品(Product)、价格(Price)、渠道(Place)、促销(Promotion),即著名的4P理论。具有百年历史的《马奎斯世界名人录》在经营模式上基本符合这样的营销策略。大致可概括为以下四个方面:

第一,批量出品。

与实物产品不同,《马奎斯世界名人录》的产品就是介绍个人传记。因此需要有大量的个人传记的录入,并分门别类地甄别和出版。因此,自1898年首版以来推出的"Who's Who名人录"注重开发,分门别类,批量出品,并形成其独特的卖点。因此该公司的名人系列出版物包括了《美国名人录》《东方名人录》《西方名人录》《美国艺术名人录》《美国教育名人录》《美国法律名人录》《美国政治名人录》《娱乐界名人录》《金融与工业名人录》《医药保健名人录》《新闻媒介与通信名人录》《科学与工程名人录》《美国妇女名人录》等。根据不同的细分类别,通过专家、已获奖者的引荐,以及网络深度查询等方式来录入符合条件的考察对象,并长期跟踪,一旦达到获奖标准,经评审委员会合议通过,即授予证书。

第二,拓展用户。

Marquis Who's Who创立于1898年,是目前世界公认排名第一的名人录,收藏于世界各大图书馆内。一个多世纪以来由于收录了大量的世界名人,它满足了美国及世界各国新闻工作者、历史学家、商人与学者的需要。公共图书馆、主要的学校图书馆、政府机构、学术团体、大学、服务公司、产业部门、大小商行和各种媒体等都拥有该书及其目录。每年增加数以万计的新入选者和获奖者，并常年保持内容的更新，使得Marquis Who's Who公司拥有一百多万的数据库订阅者。

《马奎斯世界名人录》网站MBO（Marquis Biographies Online）还提供按需服务，允许研究人员网上付费查阅个人传记，而不需要常年订阅，也可以选择不同时间段访问数据库，如一次，或一星期，或一个月。

第三，入门标准。

《马奎斯世界名人录》在其出版物中明确告示获选者产生的过程："主要是以'参考价值'（Reference Value）为基础的（对于学者而言，比如有文章介绍和评价你出版的作品等）。有资格获选者是凭借他们个人的职位或被证明对社会有重要价值，作出了引人注目的成就。个人有愿望获选（自荐）不构成充分的理由。同样，财富多少或社会地位高低也不是获选的准则。"2005年《纽约时报》有报道说其遴选过程是由"70人组成的编辑团队，包括12名研究人员"来决定的。

由于《马奎斯世界名人录》的"阿尔伯特·纳尔逊·马奎斯终身成就奖"获得者涵盖73个类别和800个职业，包括财富1 000强公司的CEO、《纽约时报》畅销书榜上的作家、诺贝尔奖得主、奥斯卡获奖者等。因此，如对每一类别和不同职业都建立其获奖的标准确实非常困难，但可以使用通用的入门准则。正如上述提到的获奖信中提及，"作为终身成就奖的获奖者，您必须达到以下至少三项要求"：

（1）已在《马奎斯世界名人录》数据库有连续20年以上的记录；

（2）在特定专门领域或行业中已具有20年以上的工作经历；

（3）至少有已发布的两部出版作品凸显您的专长和贡献；

（4）已展出一个或多个您的创意作品；

（5）除《马奎斯世界名人录》之外获得至少一个奖项。

简单地讲，这一终身成就奖授予在不同行业中取得杰出成就的个人；这些个人必须在自己所从事的领域至少打拼20年并表现出优异成绩才能获得此项证书。而《马奎斯世界名人录》则是把这些个人的杰出成就，以个人传记的形式整合起来给予出版发行。

第四，推广鼓动。

在我收到的主编亲笔信中提及，"由于不到5%的马奎斯入选者有资格获得这一奖项，我们希望以您的名义发布和分享这一官方公告。有关您的公告将发送到媒体，并上传到主要搜索引擎，以便同事、家人，朋友和子孙后代能够阅读您的贡献和成就。"

然而，这是一条可选项。激励获奖者购买有其个人传记的产品显然是一种营销策略。也就是说，获得"阿尔伯特·纳尔逊·马奎斯终身成就奖"之后，你可以选择通过其平台发布获奖消息，也可以选择不发布。如果选择了后者，就不用交费。"是否愿意付费购买套餐并非构成是否有资格获选的一个因素"。因此，把获奖与发布二者分开，这也就是其营销策略的重要组成部分，也是其生财之道。

正如上文提及的《马奎斯世界名人录》的"阿尔伯特·纳尔逊·马奎斯终身成就奖"套餐，其具体内容包括：

（1）发布于具有特色的终身成就网站（MBO）；

（2）描述有关你所从事的专业贡献的传记；

（3）将您的成就发布到主要的搜索引擎；

（4）广泛传播包括您的传记简历在内的拥有超过120万来自全球最杰出的专业人士扩展数据库（MBO）；

（5）可使用用户名和密码在线访问数据库（MBO）；

（6）用于家庭或办公室的精美的镜框展示您的学术贡献（仅完整套餐包含此项）。

正如前文提及我所咨询的一位资深老教授（教授C）对获奖证书处置的建议："你可以用一个镜框放上证书，放在你的办公室。但是不建议花更多的钱在套餐上，因为这些套餐被认为是它的营销手段。因为我也不需要他们来推广我的职业生涯。"

自百年前《马奎斯世界名人录》出版之日起，它就贯彻了市场文化中所时兴的营销策略，同时以大众文化为主导。Who's Who英文直译就是"谁是谁"，以它作为一种"参考出版物"的标题，囊括众多特定的、符合条件的个人传记信息，并没有那么神秘。因此，它并未打出"精英文化"的旗号，这也是基于其发展战略的考虑。更重要的是个人传记文化是美国社会"个人本位"精神的重要体现。无数名人的个人传记，勾画出了一幅美国和世界各国社会发展巨大动能的肖像画，其本身就是一个不可多得的宏大数据库，可以做相当多的社会学经验研究（有报道说已有诸如对名人录中的获奖者与长寿之间相关性的研究）。在美国社会，虽然也有人批评《马奎斯世界名人录》的遴选过程不够严谨，有缺乏出众事迹而入选等情况，然而无论来自各方的批评如何，它还是在那里，它的产业还在发展。如今每年仍有数万名入选者载入名册，也有数万人过世。其数据库包括用户的电子邮件地址已有上百万，可以说，发展的潜力仍然巨大。

正如战国楚宋玉《对楚王问》中所说的"阳春白雪，和者盖寡"，太高大上的东西，则少有人跟随。因此，《马奎斯世界名人录》只不过是个人的传记资料而已，获得者也应持平常心待之，至多也就是表明自己的努力已经为社会所认可。而欣赏者也不必迷信，因为"盛名之下，其实难副"。对《马奎斯世界名人录》一种比较中肯的评论是这样的：《马奎斯世界名人录》并非一个巨大的荣誉，但也不应该被忽视。

概念提要

▶ 马奎斯世界名人录（*Marquis Who's Who*）

《马奎斯世界名人录》是一个出版自1898年的名人录，由马奎斯出版公司（Marquis Who's Who LLC）编纂。它详细介绍了世界各地各领域具有影响力和知名度的人士的个人信息和成就。名人录的目的是识别和表彰在各自领域有卓越贡献的人，包括科学家、艺术家、学者、商业领袖等。入选的标准通常基于个人在其领域中的杰出表现和贡献。虽然该名人录在一定程度上具有权威性，但它也被批评为部分条目是通过支付费用获得的，其公正性和客观性受到质疑。

▶ 商业化运作（Commercialized Operation）

商业化运作是指将产品、服务、技术或其他创新成果转变为商业活动的过程，目的是通过市场机制获取利润。商业化运作涉及多个环节，包括研发、生产、市场推广、销售和售后服务等。在这个过程中，企业需要有效地管理资源，制定市场策略，满足客户需求，并在市场竞争中获取和保持竞争优势。商业化运作的目标是通过提供有价值的产品或服务，实现经济效益和市场份额的增长。

▶ **营销策略**（Marketing Ploy）

营销策略是一种用来吸引消费者注意、提升产品或服务销售的策略或技巧。它通常是一种短期的促销活动或广告宣传，旨在引起消费者的兴趣并促使其购买。营销策略可以包括多种形式，如折扣、赠品、限时优惠、广告宣传、事件营销等。虽然这些策略在短期内可以有效增加销售量，但如果过度使用或不当使用，可能会损害品牌的长期声誉。

▶ **入门准则**（Criteria for Inclusion）

入门准则是指决定某人、某事物或某信息是否应被包含在特定名单、数据库或出版物中的标准和要求。这些准则通常是根据某些特定的质量、成就或其他特征来设定的。入门准则的制定目的是确保被包含的条目符合特定的质量或标准，从而保持名单或数据库的公正性和权威性。例如，在《马奎斯世界名人录》中，入门准则可能包括在特定领域的杰出贡献、专业成就和社会影响力等。

作为"亚文化现象"的美国老年公寓是如何运作的？

本篇概要

在美国的华裔人口迅速增加，尤其在洛杉矶，华人移民数量持续上升，使其成为一个多民族、多文化的国际城市。华裔老年人聚居的老年公寓成为展示华人"亚文化"的缩影。洛杉矶的TELACU老年公寓就是这样一个典型的例子，住户大多数是华裔老人，公寓内外的服务和设施充满华人文化的色彩，例如组织手工活动、文娱节目、聚餐会以及健康讲座等，营造出浓厚的社区氛围。TELACU是一家非营利社区发展公司，通过提供经济适用住房、就业培训和社区服务，积极影响当地社区的发展。

在美国，政府资助的老年公寓遍布全国，主要为中低收入的退休老人提供廉价的独立居住空间和社会服务。公寓按住户收入收取租金，并且设有严格的管理条例，以确保住户的生活质量。由于文化和经济背景的多样性，华人老年人选择老年公寓，不仅可以与同龄人交流，还能享受熟悉的文化氛围。

近年来，随着华人移民数量的增加，这类聚集华裔老人的公寓在美国各地涌现，逐渐形成了一种既保留中华"亚文化"特质，又融入美国主流文化的独特现象。随着多元文化的发展，这些亚文化有可能在一定程度上影响并融合主流文化，为美国的文化多样性增添新的色彩。

最近几年，华人移民美国的热情有增无减。仅洛杉矶就生活着不下50万华人。洛杉矶市区人口400多万，其郊区与卫星城的大洛杉矶地区总共人口超过1 600万。大量的移民使洛杉矶成为一个多民族、多文化的国际性城市，其少数民族占全市人口的一半左右，并拥有众多移民社区，各色人种聚居的地区形成了各具特色的城中"城"，而此"城"中往往融合了别样的"亚文化"特征。

亚文化是相对于主流文化而言的文化现象。它是指那些非主流的、局部的，属于某一区域或某个群体所特有的观念和生活方式。通常亚文化不仅包含与主流文化相通的价值与观念，也有属于自己的独特的价值与观念。在多元文化环境中，亚文化是主流文化的一个分支，它由各种因素诸如阶层、民族、宗教、群体以及居住环境等造成。

洛杉矶地区有众多华人扎堆的老年公寓。下文以其中的一家TELACU老年公寓为例，说明老年公寓是如何凸显出"亚文化"的特色的。该老年公寓中的住户95%都是年龄在62—85岁之间的华人，住户之间的交流也都是用汉语。平时公寓内的张贴广告和通知等也大都是中文的。如果参观者没被提醒这里是美国的话，还以为是在中国呢。

该老年公寓有66个单元，公寓内每个单元都是独立套间，包括卧室、起居室、储藏室、洗浴设备、带炉灶和冰箱的厨房等。居住的老人可添置自己喜爱的家具、电器等。

每个单元房间内都有警铃、警报线、烟毒探测器、防火喷水柱。每户内均设有空调/暖气，并全天供应热水。公寓内设有洗衣设施、停车场和一个大型社区活动室，为居住者提供服务。

公寓的室外天线提供数码电视服务，用户也可安装无线上网

公寓内进出大厅门口的休息室

设备等。公寓内还设有老人活动室、娱乐室、健身房、阅览室、电脑室、洗衣间、电梯以及电子识别自动门等。与其他老年公寓一样，该公寓所在的地理位置相当优越，步行即可到达市区的购物中心、餐馆、电影院、公共汽车站和邮局，距离多条高速公路也只有很短的距离。

这家老年公寓属于TELACU的子公司，是一家非营利社区发展公司（CDC，Community Development Corporation），成立于1968年，目的是通过经济发展来服务于洛杉矶的弱势社区。多年来，该公司通过参与当地的拉丁族裔的政治、社区组织、住房开发、奖学金资助以及创造就业和培训，对社区产生积极的影响。TELACU凭借其许多营利性企业、政府补助金和私人捐款来扩充其收入来源，最近已将其服务扩展到洛杉矶以外的社区，在某种程度上已扩大到加利福尼亚以外的州。

早年，TELACU诞生于联合汽车工人联合会重新分配人力和资金后所成立的一个委员会，后来在1988年改名为TELACU。目前TELACU拥有好几家公司，所有这些公司都既有盈利能力，又具有社会服务功能。就社会服务功能而言，TELACU认为"提供工作、经济适用住房、贷款，以及社区所需资产和奖学金的形式是为居民服务的最有效的手段，从而使人们能够为他们各自安居乐业创造条件"。在其发展过程中，TELACU逐渐形成了强调经济发展的一种策略，这种策略比之当初仅致力于社区组织更有效。在2006年，西班牙商业杂志命名TELACU为"在加利福尼亚的第五大西班牙企业"。

由于该公寓居住的老人大多是华人，因此，公寓组织的活动凸显华人文化的特色。比如，组织手工"串珠"活动，并把义卖

老年公寓内的图书室，部分图书由住户捐赠

串珠收到的钱物捐赠给国内地震灾区；不定期举办各种文娱活动、派对、各类庆祝或聚餐会；排练和表演节目、组织街舞学习，以及安排定期的医务保健讲座等。公寓还为老人开设了英语课程等多种课程。

通常公寓管理部门每周安排班车接送老人去附近超市购物。周末，有时教会也派车接送信教的老人去教堂参加活动。每逢中外节日举办庆祝餐饮会，或个人自买餐券，或团体聚餐或分享自带菜肴，并伴有节目表演，或抽奖助兴。负责服务和表演节目的人员也都是公寓里的住户，他们在约定的时间排练。可见他们的生活过得不亦乐乎。

根据全美统计资料，老年公寓的住户，通常百分之八十左右是女性，男性属少数。这也正符合人们所说的，女性比男性更为长寿，且健康活泼。身体健康的婆婆们早上在院子里参加各种锻炼，如打太极拳、集体操，然后出门购物，中午时分回家煮饭，休息，下午有时还出门走走，生活显得充实和有规律。晚饭后，三五成群，散步聊天。由于同住一所公寓，他们可以结伴同行，互相关照；有的组成麻将搭子，在活动室里摸几圈，以充实漫漫长日。玩扑克牌，打麻将，饮茶聚会，已成惯例。可见，华人"亚文化"已经融入美国的老年公寓之中。

在美国，绝大部分的老年公寓均设在市中心，交通方便，步行可以购物。因为老人喜欢闲逛，乐意扎堆，不愿离群。不少地方的老年公寓，每天下午有喝茶喝咖啡的聊天时间，愿意聊天的人可以到时碰面。老年公寓还安排许多活动，老人可以根据自己爱好随意参加，每个月的月初各种活动安排的时间表会派发给各住客，各人根据喜好选择参加。众多老人选择入住老年公寓，自有其理由：例如与退休的同龄人相处，没有代沟。由于所生活的时代使然，多数人有相似的生活经历，有共同语言，如果性格随和，与朋友邻居合得来的，来来往往，可以排解不少寂寞，减轻孤独感。

这类公共的老年公寓由联邦政府提供资金并且由美国住房和城市发展部负责规划开发、修建和管理。按规定，年满62岁的美国公民和持有绿卡的永久居民，可以申请入住老年公寓。由于老年公寓主要面向中低收入者，因此申请入住者家庭收入不得超过规定的年收入限额的50%，即常年收入不能超过2万美元。入住者须拿出自己三分之一的收入交租，剩下费用缺口则由政府"买单"。因此，租金是根据住户的收入情况而异，收入高就多收，收入低就少收。住户月租金在30美元到500美元不等。目前全美有120万家庭居住在公共老年公寓，由全国各地的老年公寓代理机构管理。

老年公寓有严格的管理条例。"公寓制度与条例"的建立就是为了确保管理部门与住户之间的良好互动关系。所有管理人员的工作是为了让住户生活得满意。同时也要求所有住户积极配合，并参与各项活动。

"公寓制度与条例"中对每一具体事项和行为都有明确阐述和规定。比如：关于单元内家用电器、空调、洗衣机等使用和维护等的规定；关于房间钥匙、信件、月租金交付、办公室时间等的规定；关于过往客人、走廊、墙壁涂鸦、故意破坏、室外健身器材、警报系统、停车场所、宠物等的规定，以及关于住户权利、安全、申诉、抽烟场所、垃圾处理等的规定。这使住户人人明白什么是允许的、什么是不允许的。

在美国，这类老年公寓是介于老人自家住宅与养老院之间，由政府或社区出资为退休老人提供的低廉住所。它既可使老人有独立的居住空间,保持家庭气氛,又可获得各种较好的社会服务。入住者一般是年迈的长者,但大多身体健康、生活自理,无须他人照顾。美国各州的养老机构也都各具特色,总体而言大致可分为三种:

自住型公寓。此类公寓专为生活能自理的老人设计(本文介绍的老年公寓属此类)。公寓并不提供与日常生活、医疗相关的服务,只提供优美舒适的居住环境。不仅有餐厅、洗衣房、公共服务等,还有丰富的娱乐设施,如游泳池、健身房、图书馆、俱乐部等。大部分公寓经常组织集体娱乐活动。

协助型公寓。据不完全统计,约有55万美国老人住在这种公寓里,主要为日常生活需要帮助、但不需要专业医疗护理的老人设计,提供与日常生活有关的各种服务,如穿衣、洗澡、吃饭、喂药及洗衣等。

持续护理型公寓。这类公寓不仅提供日常生活服务,还提供健康服务,包括护士服务、康复护理、健康监控服务等。美国还有部分老年公寓由慈善机构或政府补贴,收费低但入住门槛高。

老年公寓遍布全美多个州和各个城市。人们也可以在任何地区申请,不必局限于目前居住的城市。但各州各地申请过程和等待时间会由于当地的实际情况而有所不同。有些地区比较容易申请到,而有些地区则需要等待较长时间,少则几年,多则七八年,甚至更长。通常申请人可以先打电话到各地办公室咨询,如果提供姓名地址,通常他们会寄送申请表。如果申请人感到在申请住房过程中受到因种族、肤色、国籍、宗教、性别、残疾等产生的歧视的话,可以到公共房产管理局公平房屋办事处投诉。

近年来,由于子女出国而造成国内"空巢家庭"越来越多,这似乎已成为一个令人颇为头痛的社会问题，然而父母随着子女一起出国的也不乏其人。他们经历着如何适应异国主流文化并且同时保持着中华"亚文化"特质这样的过程。华人集中的老年公寓充分体现了一种既有主流文化的硬件设施以及严格的管理制度，又有日常生活与集体活动的"亚文化"的特征。因此，随着越来越多的华人移居美国，此类老年公寓将凸显其异域环境中的"中国文化"特色。文化学研究表明，所谓主流文化总是在吸收亚文化的过程中发展起来的。因此，随着多元文化现象的普及与发展，是否可以想象"亚文化"也有可能在一定程度上影响主流文化甚或与主流文化融合呢？

概念提要

▶ **亚文化（Subculture）**

亚文化是相对于主流文化而言的文化现象。它指的是一个社会中某个特定群体所拥有的，与主流文化不同的观念、价值观和生活方式。亚文化可能由种族、阶层、宗教、地域、兴趣等多种因素形成，通常在一些非主流的或局部的范围内体现出独特的文化特征和社会行为。虽然亚文化与主流文化存在差异，但它们并非完全对立，亚文化可能部分继承和反映主流文化的价值观念，同时也保持着自身的独立性和创新性。亚文化不仅丰富了文化的多样性，也在一定程度上推动了社会文化的变迁和发展。

▶ **自住型公寓（Independent Living Community）**

自住型公寓，也称为"独立生活社区"，是专为能够自理的老年人设计的居住设施。这类公寓提供独立的居住单元，通常配备有厨房、卧室、起居室等基本生活设施，老人可以自由安排自己的生活。这类公寓并不提供日常生活的医疗护理或服务，但通常设有餐厅、洗衣房、公共服务区以及丰富的娱乐设施，如游泳池、健身房、图书馆和俱乐部等。自住型公寓旨在为老年人提供一个舒适、安全的居住环境，并通过各种社交和娱乐活动，鼓励老年人保持积极、健康的生活方式。

▶ 协助型公寓（Assisted Living Community）

协助型公寓，也称为"辅助生活社区"，是为那些需要在日常生活中得到一些帮助但不需要专业医疗护理的老年人设计的居住设施。这类公寓为居民提供与日常生活相关的各种服务，包括帮助穿衣、洗澡、用餐、服药、清洁等。协助型公寓通常有24小时的工作人员，能够提供必要的个人护理和支持。公寓内部环境温馨舒适，设有公共用餐区、休闲娱乐设施等，以便于老人能够过上独立而有保障的生活。这类公寓特别适合那些希望在保有一定独立性的同时，得到生活协助的老年人。

▶ 持续护理型公寓（Nursing Homes）

持续护理型公寓，也称为"养老院"，是专门为那些需要持续医疗护理和健康监护的老年人设计的居住设施。这类公寓不仅提供日常生活的基本服务，如洗衣、餐饮、清洁等，还提供专业的医疗护理，包括护士服务、康复治疗、健康监控等。持续护理型公寓通常有专业的医疗团队，能够为老年人提供全面的健康照顾和紧急医疗服务。它们适合那些需要持续护理或患有慢性疾病、需要定期治疗和监护的老年人，可以提供安全的生活环境和专业的服务。

下编

校园文化生态中的制度规范

高校"教学大纲"是如何成为规范教学的重要措施的?

本篇概要

教学大纲在高校教学管理中具有基础性的地位,它是影响教学质量的重要因素。教学大纲规定了课程的教学内容、教学目的、教学任务、教学进度以及对学生的基本要求等,是教师教学的主要依据和学生学业评定的重要标准。在美国高校尤其是州立大学,制定和公开发布教学大纲是教师的基本职责和法律要求。本篇归纳了美国高校的教学大纲制度的以下特点。(一)制度化:美国大学广泛实施教学大纲制度,几乎所有课程的教学大纲都可在线查阅。这使得学生可以提前了解课程安排,选择合适的课程。教师也有责任在开学前制定详细的教学大纲,学校对未按时提交教学大纲的行为持零容忍态度。(二)个性化:美国高校的课程教学大纲体现了高度的个性化。不同教师可以选择不同的教材和教学方法,即使是同一课程也会有不同的教学目标。每位教师都对自己编写的教学大纲享有个人知识产权,未经许可不得抄袭。(三)规范化:尽管教学大纲内容因教师而异,其结构和格式需符合学校的统一规范。所有教学大纲需包含相关政策,如关于学生作弊的政策、残疾学生政策和非歧视条款等。此外,关于选课、退课和成绩等政策也需在大纲中明确说明。(四)明细化:教学大纲应包括详细的课程信息,如课程名称、教师联系方式、教学要求、评分标准等。对于网络课程，还需包括技术支持信息和相关联系方式。（五）可考核化：教学大纲被视为教师与学校及学生之间的合同。学生在开学前两周内可选择是否接受大纲规定的要求，一旦选课即表示接受合同。学校通过大纲评估教学效果，并据此提升教学质量。美国高校重视教学大纲的制定和实施，这不仅体现了教师的责任心和契约精神，也为学生提供了选择信息和机会。高质量的教学大纲是优质教育的基础，也是评价教师和教学效果的重要标准。

高校教学管理中最为基础的工作是教学大纲的制定，而教学大纲的制度设计和理念直接影响到教学质量的提升。教学大纲是根据教学计划，以纲要形式规定一门课程的教学内容的文件。包括这门课程的教学目的，教学任务，教学内容的范围、深度和结构，教学进度以及教学上对学生的基本要求等。教学大纲是教师进行教学的主要依据，也是检查和评定学生学业成绩和衡量教师教学质量的重要标准。

在美国的高校，特别是美国的州立大学，明确规定制定教学大纲是教师的基本职责，公开发布课程大纲是作为州立法定下的，不可玩忽职守。更具体地说，教师在明确所承担的教学课程后，必须递交教学大纲，并在每学期的开学前至少一个月公布，使学生有足够的时间查阅，选择自己感兴趣的课程。一些高校在学校有关网站发布教学大纲的同时，还把任课老师的学术简历也一起公布，便于学生查阅有关授课老师的资料，选择自己满意的老师的课程。总体上讲，美国高校教学大纲制度的设计具有以下几方面特点：

一、制度化

几乎所有美国大学的相关课程的教学大纲都可以在网上查到。这是因为制定和公布教学大纲是大学教学制度的一项基本条例，也是教师的基本行为准则。它不仅给学生选课带来方便，使得学生在开学前即已了解整个课程安排和进度。同时，对于教师也是一种责任和义务，使教师对于即将到来的学期所开设的课程有一个比较明确的课程及教案的安排。教材、阅读资料、讨论题、考试方式、计分方法等在教学大纲中都已有所设计，因此，教学大纲对于完成好教学任务关系极大。学校对在开学第一天仍然缺失教学大纲是持零容忍态度的。因此，提前制定教学大纲，网上公开发布、任意查阅下载教学大纲等都是美国高校的惯例。一般的做法是，比如春季学期时，系主任即开始要求各位老师对秋季准备开设的课程收集反馈，系里根据教学计划全面平衡后，即确定秋季需要开设的课程，然后各位老师递交教学大纲，并设定最后递交日期。临近最后的期限时，系秘书也会提醒催促。并提示，递交教学大纲是学校的法律，必须执行等，没有按时递交是严重的失职。

二、个性化

美国高校的课程种类繁多，即使同样的课程，不同的老师使用的教材和教学方法都各自相异。教师对所上的课程使用什么教材，如何安排课件内容，怎样检验学生的成绩等都具有绝对的自主权，因此教学大纲的个性化是顺理成章的，也是显而易见的。在美国各个大学里，不同的教师，即使上的是同一门课程，通常也会使用各自喜欢的教材，因此，都是各行其道，各自制定自己的教学大纲。比如，我主讲的研究方法课（Research Methods）

所规定的教学目标如下图：

> **Student Learning Outcomes/Objectives**
> This course provides an introduction to research methods and focuses particularly on the application of social research, developing fundamental, conceptual and empirical research skills in both quantitative and qualitative research methods. The course will provide students with tools to be able to apply in their own research and to understand scholarly work produced by others. The main goals of the course are (upon successful completion of the course the student will):
>
> - Understand the relationship between theory and research as they apply to social science as well as to public policy;
> - Demonstrate a wide variety of research techniques and design issues that are utilized in social science research;
> - Describe survey instrumentation and be able to develop a quality survey questionnaire;
> - Enable to use appropriate techniques to answer research questions;
> - Identify the components of and be able to construct a research proposal;

作者对课程设定的教学目标

而在同一学校，同一系里的另一位教授所开设的研究方法课制定的教学目标则有所不同，尽显其个性化特征，如下图：

> **Student Learning Outcomes:**
> 1. Students will demonstrate their comprehension of major concepts and methodological techniques through scores on objective quizzes.
> 2. Students will demonstrate their comprehension of using the library databases to gain access to peer reviewed literature
> 3. Students will demonstrate their comprehension of citing peer-reviewed literature according to APA format Sociology 331.01W Syllabus Spring 2014 2
> 4. Students will synthesize peer-review literature by writing a literature review
> 5. Students will demonstrate their ability to critique the literature in written assignments
> 6. Student will demonstrate the ability to assess and evaluate the merits of particular methodological techniques in written assignments
> 7. Students will show their ability to apply social scientific logic, reasoning and

系里另一位教授对同一课程设定的教学目标

严格地说，每位教师对自己设计的教学大纲都拥有"知识产权"，未经允许不得照抄。

三、规范化

虽然每门课程，每位教师的课程大纲都各自不同，但其内容和格式需要相对统一规范。学校教务处所规定的有关政策，包括联邦、州政府法律条文，都务必体现在每一份教学大纲中。比如有关学生作弊抄袭政策，有关针对残疾学生的特殊政策，以及非歧视政策等，都要求在教学大纲中提及。

> **ADA Statement**
>
> **Students with Disabilities**
>
> The Americans with Disabilities Act (ADA) is a federal anti-discrimination statute that provides comprehensive civil rights protection for persons with disabilities. Among other things, this legislation requires that all students with disabilities be guaranteed a learning environment that provides for reasonable accommodation of their disabilities. If you have a disability requiring an accommodation, please contact:
>
> **Office of Student Disability Resources and Services**

教学大纲中对"残障学生"给予帮助的相关条文

此外，对学生选课、退课、不及格等情况的处置方法等，也要在教学大纲中提及。这些都是规范化的内容。系秘书对每份大纲都作基本的审核后，再上交学校教务处统一公布。某些学校还专门规定本校的所有教学大纲需要贴上学校的校徽，以体现学校的某种认可。因此，教学大纲中有关这部分的内容，基本上可以沿用，不必修改（除非政策变化），需要修改的是教材的更新、每学期的期间安排、课程内容的调整等。教学大纲通常都有至少4—6页，有些更详细的可以达到十数页，从没见到过只有一两页的教学大纲。

Week	Dates (T, R)	Topic	Readings
1	Aug.28, 30	Introduction to the course outline and syllabus. Science and research.	Ch. 1
2	Sep.4, 6	Dimensions of research	Ch. 2
3	Sep.11, 13	Theory and research.	Ch. 3
4	Sep. 18, 20	How to Write a Research Proposal.	Ch. 4
5	Sep.25, 27	The Literature Review and Ethical Concerns	Ch. 5
6	Oct. 2, 4	Qualitative and Quantitative research designs.	Ch. 6
7	Oct. 9, 11	**Review,**	Ch. 1-6
8	Oct. 16, 18	***** Mid term exam*****	
9	Oct. 23, 25	Qualitative and Quantitative, Measurement.	Ch. 7

The course schedule is tentative and somewhat subject to change. Although this course will follow the schedule, it is possible that some adjustments will be made as we progress through the semester.

教学大纲对教学日程安排的详细计划

四、明细化

教学大纲不仅要做到内容详细，教材更新及时，而且，一些最基本的课程信息包括课程名称、授课老师姓名、电话、电子邮件、办公室时间等都必须明确告示。此外，还应该包括课程的基本要求，包括出勤、网上活动、作业、小测验、写作和讨论发言、学期报告、期中考试和期末考试的基本要求，分数的评定方法，以及对于学生课堂表现的基本要求等。

对电脑的操作要求也要详细列出，比如某些软件的操作与配备、与教师沟通的方法、电子邮件的地址等。如果是网络课程，还需要明确网络的支持部门和电话，在遇到上网出错或中断时，可以及时与有关方面联系。最后，还必须包括为每周的课程安排的详细主题、阅读材料、课程章节等。通常，我自己的课程在开

Grading Policy

Attendance	80
Homework/Reading	70
Proposal/Presentation	80
Quizzes	60
Midterm Exam	80
Final Exam	90
Overall performance	40
Total	**500**

Overall performance points (40 points) based primarily on a ranking percentile in the class will be added on a student's total points by the end of the semester. For instance, a student who is at the 80th percentile will receive 36 points, and a student who is at the 60th percentile will receive 28 points and so on (See the detail at Stimulative Grading Scheme in D2L).

Final letter grade: A: 450-500
　　　　　　　　　　　B: 400-449
　　　　　　　　　　　C: 350-399
　　　　　　　　　　　D: 300-349
　　　　　　　　　　　F: below 299

对于课程作业和考试成绩的细分设计

学的第一堂课，需要花至少一半的时间讲透教学大纲，使每位学生明确此门课的内容、要求、评分规则、期待等。同时，布置教学大纲的小测验（10分），学生可以在网上完成，以确保学生对教学大纲充分认知。

五、可考核化

教学大纲具有双向合同的意义。它不仅体现了教师与学校之间的"合同"，同时，也是教师与学生之间的"合同"。所谓合同，也就是一份契约。教师要按契约所规定的任务去努力完成，并由此来加以考核。而学生则必须按契约的要求和规定来完成课程学业。如果开学前两周内，学生对教学大纲所提的要求不能接受，就可以不选此门课程，改选其他课程。而学生一旦选择了一门课程，就意味着接受了相关"合同"。大纲中列有"学生学习

Course	Student Learning Outcome	Evidence of Student Learning Outcome Completion
Sociology 311	To examine the basic sociological concepts and perspectives on social inequality and stratification;	How was this SLO addressed in the course? Students completed weekly based quizzes that assessed knowledge of social inequality and stratification. Two exams were given to evaluate students learning outcomes as well. **Evidence of achievement:** The average score on this assignment was 62 out of 80, or 77.5%; the average score for the exams was 118/150, 78.7%
	To understand the major sociological explanations for social inequality both within the United States as well as the global;	How was this SLO addressed in the course? Two reading summaries of articles were assigned, students were asked to evaluate and discuss major sociological explanations for social inequality. A rubric was used to assess the quality of student works. **Evidence of achievement:** The average score on these assignments was: 16 out of 20 or 80%.
	To enable you applying the course material to your real-life experiences;	How was this SLO addressed in the course? Students completed research projects "Experiencing Inequalities in My Life" over the course of the semester. A rubric was used to assess the quality of student work. **Evidence of achievement** The average score on these assignments was 72 out of 80 points, or 90%. Student papers were ⋯ turnitin.com as a plagiarism check.

对于课程教学效果评估和考核的分项设计示例

效果",即在每学期期末考试前,学校通常会要求学生对任课老师的本学期教学情况作一个评估。评估中即有课程是否按大纲要求进行这一项。同时,教师须对此进行自查。比如测试学生学习效果是否达标等。学校教务处如教学效率监察部门,也会根据教学大纲检查评估学生的学习成果,获取证据,统计与问责,以促进教学质量提升,保持和提高学校的声誉等。

在美国的高等学校,一份合格的教学大纲是教师对自己的招牌产品(课程)的说明书和告示,不仅体现了教师本人对此门课程的教学条理性、课程的专业程度,也是对产品的消费者(选课学生)的尊重和承诺。消费者之所以选择你的产品,是因为你把所有的性能、使用方法、价格,包括退货方法等都写在上面了,客户一目了然。正因如此,不少美国高校在招聘教师时都明确注明，投递简历时需要附上已有的教学大纲。通过教学大纲，申请者的教学思路、风格、专业程度，以及对学生的要求都可以一目了然。因此，教学大纲是高校教师除了科研作品之外的另一种作品。

美国高校对于教学大纲如此重视，更为深层的原因在于其体现了作为合约者的一种契约精神，作为教师的一种责任心以及在教学上对自由度和个性化的认可。同时，对于学生而言，教学大纲提供了他们可选择的信息和机会，体现了学生本位和自由选择的市场化理念。高校的教学根本在于教学质量，而教学质量，很大程度上有赖于每位教师所开设课程的教学大纲。没有教学大纲的教师，不是一位合格的教师；没有合格的教学大纲，不可能有高质量的教学效果。一流大学之所以为一流，正是因为在一流大学中有合格的教师以及他们合格的教学大纲。

概念提要

▶ **教学大纲（Syllabus）**

教学大纲，是描述一门课程的基本内容和要求的重要文件。它通常包括课程的教学目标、内容、进度安排、评估方法、学习资源以及教师的联系方式等。教学大纲为教师提供了授课指导，同时为学生明确了课程的预期和要求。它在教育过程中起到规划和管理的作用，是评估教学质量和学生学习成果的依据。教学大纲确保了教学活动的系统性和规范性，使得学生和教师在教学目标和内容上保持一致性。

▶ **州立大学（State University）**

州立大学是由美国各州政府创办和资助的公立高等教育机

构。州立大学为当地居民提供学费低廉的高等教育，主要目的是提高州内居民的教育水平，促进区域经济和社会发展。它们通常规模较大，提供广泛的学科和学位课程。州立大学一般有较强的研究能力，并在教学、科研和社区服务方面扮演重要角色。作为公共机构，州立大学也承担了为社会各界提供教育机会和服务的责任。

▶ **契约精神（Contractual Spirit）**

契约精神是指个体或团体在合作或交易过程中，遵循契约（合同）条款，恪守承诺，履行义务的行为准则和道德观念。契约精神强调诚信、公平、责任和法律意识，是市场经济和社会秩序的重要基础。它体现了对合同约定的尊重和对合作伙伴的责任感，有助于建立和维护信任关系，保障各方利益。契约精神不仅适用于商业合同，也广泛存在于个人和组织间的各种正式和非正式协议中。

▶ **学生学习效果（Student Learning Outcome）**

学生学习效果是指学生在完成特定学习任务或课程后所达到的知识、技能和态度水平的具体表现。学生学习效果通常通过评估和测量来确定，以检验学生是否达到了预期的学习目标。这些结果可以包括知识掌握程度、技能应用能力、问题解决能力、批判性思维、团队合作、沟通技巧等。学生学习效果不仅评估学生的学习成效，也为教师和教育机构提供反馈，以改进教学策略和提高教育质量。

学生评教是如何成为"常态化"教学评估制度的?

本篇概要

几乎所有美国大学,在每学期结束前都会进行教学评估。这些评估旨在考察课程是否按照教学大纲进行,收集学生反馈并衡量满意度。美国大学采用多层次、多方面的教学评估方法,学生评估只是其中的一个组成部分,同行评估、自我评估和机构评估也同样如此。这些评估对于确保高质量的教学和符合学生的期望至关重要。其主要特点是:它是教学管理的一个基本方面。教师必须分配时间让学生评估他们的教学。评估结果在教学效果评估、绩效奖、合同续签、晋升和终身教职决定等方面有重要的参考作用。它以学生的满意度作为教学质量的关键指标。学生有权自愿匿名提供反馈,不受任何行政强制。这种方法强调激活和培养学生的能动性,倡导以学生为中心的教育理念。它通过课堂上或在线填写的表格进行,通常是匿名的,侧重于定量和定性方面。它越来越多地将"学习成果"纳入学生评估,关注学生是否掌握了相关知识和技能,并将所学知识运用到实际中。评估指标通常包括课程材料的全面性、是否符合教学大纲、作业反馈情况、是否鼓励批判性思考和课堂讨论等。

在几乎所有的美国大学，对每门课程在学期结束前都有教学评估，也就是所谓"常态性"教学评估。其目的是检验一学期来课程教学是否按大纲进行，学生反馈如何，满意度如何等。从总体上看，美国高校的教学评估是多层次、多侧面的。"学生评教"只是教学评估中的一种类型，其他还包括同行评教、自我评教以及机构评教等。教学评估对于强化高校教师备好课，教好书，上出有质量的、学生满意的课来说意义非凡。

美国高校的"学生评教"早已成惯例，也是大学教学管理中的基本环节。各学校的"学生评教"都有各自的做法。通常每学期期末考试前一两周内，学校会把有关评教材料发到各个系，由系秘书按要求分发到任课教师的邮箱，要求教师安排时间让学生对任课老师在本学期的教学情况作一个评估。评教结果往往成为此门课程教学效果的依据、教授教学水平和质量的重要指标，甚至会在一定程度上影响到教授一年一度的"merit"（类似于绩效奖，但并非一次性的奖励，而是增加基础工资），以及续聘、晋升甚至终身教职的授予。因此，无论是学校各级行政，包括校务长、院长、系主任，还是教师本人，都非常重视"学生评教"。美国高校"学生评教"的特点主要体现在三个方面：

第一，"消费侧"：评教理念。

所谓"消费侧"，即把学生看成是教育的消费者，学生（消费者）的满意度是教学评估的主要依据。因此，每学期结束前的"学生评教"，就好比是消费者使用了产品之后，留下必要的反馈意见的例行做法，这是消费者应有的权利。"消费侧"理念改变了把学生看成是学校行政单位中的被管理者的做法，而是将学生视为"教学生态"平衡中不可忽视的一方。因此，"学生评教"是学生们的权利，即学生有选择参与评教或不参与评教的权利。这一理念所导致的结果是不用行政手段迫使学生参与评教，学生评教不仅是匿名的而且是自愿的。由于"学生评教"不能强迫，因此，参与评教的学生人数也差异悬殊。学生不参与评教不会受到任何对他们不利的影响，包括选课、奖学金、毕业等。因此，不可能出现由于学生受某种强制而被迫参与评教，以致评教结果并非体现其真实性的情况。"消费侧"理念也体现了当代教育思想注重对学生主体意识的激活与培育，不仅主张"以学生为中心"的建构主义教学理念，也强调学生在"教学生态"建设与维护上的积极作用。美国高校"学生评教"的这种"消费侧"理念，使得评教的形式和指标具有其相应的特点。

第二，"学生主导"：评教形式。

"学生评教"采用纸上和网上两种不同方式。纸上评教，要求学生在课堂内完成。任课老师在课堂上宣读学校有关评教通知后，必须选出一位志愿学生来负责发放量表和监管整个评估过程，而此时任课老师务必离场或在教室外等候评教结束之后再进教室。学生评教过程中，学生之间不可相互讨论或代填，必须各自独立完成。学生在完成评教量表填写后，由该志愿学生负责密封所有评教量表，并把这些材料送到系办公室，不得由任课老师经手。而网上评教则相对灵活，学生可选择在期末考试前的任何时间内完成。所有这些"学生评教"都是无记名的。相对而言，在课堂上完成的纸上评教的学生参与度要比在网上评教的学生参与度高得多。当天在课堂的学生都能参与纸上评教，而极少发生有学生弃评走人之事。

绝大部分学生在评教中给出的分数是比较公正的，但也不排除个别学生由于各种原因，甚至由于估算自己期末成绩未能达到预期分数，而故意给授课老师低分的情况，这种情况相对比较少。评分形式分为选择题和简答题，也就是量化题和质性题。由于每位学生对老师的评价都会有差别，因此在量化题上很少出现绝对高分或绝对低分的情况。如果某位教授教学效果总体上不错，基本上平均分数会在4分左右（满分5分）。而如果教学状况一般，则平均分数会在3分上下。反之，如果平均分数在2分左右，那么系主任会找到这位老师检查教学内容和方法，要求其加以改进。如果几个学期下来毫无进展，则该教师基本上必须走人了。质性题则是反映学生对老师教学效果的意见，有赞美的，也有抱怨的。由于是匿名评教，学生可以毫无顾忌地表达他们的想法。通常，从质性题中可以看出授课老师的授课风格特点，而这在量化题中很难发现。

由于美国高校的教学评估是多层次、多侧面的评估，而"学生评教"只是教学评估中的一种类型，因此其分数只能作为教师教学水平质量的一个参考。即使是把"学生评教"分数作为评定考绩的依据之一，其权重数也并不大。

第三，"可操作化"：评教指标。

在"学生评教"的实践中，大多数美国高校逐渐确立了"学习效果"概念并把它作为"学生评教"的主要内容，即通常说的"学生学习效果评价"。其主要意图，是把学生作为"消费者"，通过评教量表来收集和分析学生对学习效果的反馈，以及数量和质量方面的证据，从而检验"供给者"即教师的教学和学生学习之间的适切程度。因此，"学生评教"的主要内容和指标都在一定程度上反映了学生"是否学到了什么"以及"是否能学以致用"等方面的情况。与此同时，它也提供了平衡"教学生态"中的"供给者"教师探究学生学习需求、改进教学方法与策略、提升教学效果的重要手段，无疑也是质量认证标准中不可或缺内容。

尽管美国高校的"学生评教"指标各异，但总体上看，都不外乎学校层面的指标和院系层面的指标，以体现其一致性并照顾到学科之间的不同特点。就本人所在的州立大学而言，其"可操作化"评教指标包括了三大块：学生学习效果、授课和评分方法，以及近年来美国高校普遍关注的培养学生"应对一个相互联系的世界"的评估。

1. 有关学生学习效果的相关问题，主要有：

- 此门课使我在这个领域积累了知识（事实、词汇、过程、基本技能、能力）；
- 我在这门课程中，能够获得及时的指导意见、答复和建设性反馈，丰富了我的学习经验；
- 此门课提供适当的学习活动和各种机会，使我获得成功；
- 此门课中的内容，对我很有意义和价值；
- 任课老师在这门课上提出了对我具有挑战性的高标准。

2. 有关老师授课方法和考试评分的相关问题，主要有：

- 课程材料是否准备充分；
- 课程是否充分遵循课程大纲；
- 对于试卷/作业的反馈意见是否有价值；
- 评价学生作业的方法是否公平和适当；
- 考试/作业是否覆盖老师所重点强调的课程内容；
- 考试/作业的批阅材料是否及时返回给学生；
- 课外阅读和家庭作业是否有助于理解课程主题；
- 老师对作业的解释是否清楚；
- 此课程是否能培养批判性思维；
- 老师上课时是否抓住了我的兴趣；

- 在办公时间内，老师是否容易访问；
- 老师是否鼓励学生参加课堂讨论。

3. 有关培养学生"应对一个相互联系的世界"的评估的相关问题，主要有：

- 这门课程使我准备好应对一个相互联系的世界；
- 本课程提高我对全球动态相互联系的有关知识（问题、过程、趋势、系统）的理解；
- 本课程增强了我的运用全球动态相互联系的知识（问题、过程、趋势、系统）的能力；
- 这门课程激励了我把自己看成一个在相互联系和多样的世界中的一个公民。

与传统的高等教育评价方式相比，"学生学习效果评价"的价值取向恰恰体现了"消费侧"理念的根本性变化。传统的高等教育评价强调以学校和教师为中心，比较重视教学目标的达成度。而"学生学习效果评价"则更强调以学生为中心，重视学习效果的实现程度。虽然教学目标与学习效果都与学习预期有关，但是侧重点不一样。教学目标主要反映学校、教师和专业的教学预期，相对比较宽泛，不易被测评；而学习效果更侧重于反映学生的学习预期，相对更具体、可测量、易实现。

美国高校的"学生评教"结果通常会反馈给授课教授，授课教授在一年一度的自我评估中必须总结"学生评教"的结果并附上相关材料；而系主任则根据教授的自我评估，同时结合同行评教、机构评教等材料一起作审核考查，并给出评语和进行打分（打分包括科研、教学和服务三项）。这一分数须经教授本人认可并签名，用作绩效奖的基本依据。每个学期结束后，"学生评教"的分数虽然可以查询，但通常不刻意公布。

根据本人在国内高校和美国高校的教学经历，国内高校在20世纪八九十年代时，基本上没有量化的、常规的教学评估。一般往往是在期末开个师生座谈会或教学评估会了解一下教学情况，很少有使用量表形式的教学评估。目前国内某些高校，特别是985或211高校，"学生评教"已普及，而且都有网上评教平台以及统计分析的结果。教师也可以查看自己授课课程的学生评价。然而，由于"学生评教"是通过学校教务处下达的，各院系以完成行政任务为目标，故所有学生必须参与，如果不参与评教，则会影响该学生下学期课程的选课等。因此，呈现出"参与比例相当高，评分可信度相当差"的状况，如某校某年春季学期全校的课程教学加权均分为4.825分（满分5分），以致无法区分教师教学上的优劣，也就达不到评教的目的。甚至有些评教是在学生知道了自己此门课程的成绩之后再行评分，以致有失公允。显然在评教的具体做法以及评价量表设计上均需要改进。此外，国内高校太过强调"学生评教"分数公开，"结果不公开，等于没评教"，以致对不少教师造成过大压力，从而"担心会因为自己太过严格而被学生打低分"。评教指标也往往流于空泛和笼统，诸如"教师热爱教学""教学方法得当""教师因材施教"等提问在学生看来往往"不知所云"。因此，"学生评教"并未真正起到促进教学优先，提高教学质量，纠正高校中普遍存在的"重科研，轻教学"倾向的作用。

总之，如果对"学生评教"不端正理念，评教就会流于形式，学生对教师的打分也会"无关痛痒"。"学生评教"在国内高校遭遇诸多尴尬，可能是一个普遍现象，也是高校"教学生态"失衡的一个现实问题。尽管中美高校教育体制不同，但仍有共性。美国高校的"学生评教"的"消费侧"理念、"学生主导"

的形式以及"可操作化"的评教指标,或许可以提供某种程度的参考。

概念提要

▶ **教学评估(Teaching Evaluation)**

教学评估是指对教师的教学活动和课程效果进行系统的评估和评价的过程。其目的是衡量教学质量,确保课程目标的实现,并改进教学方法。教学评估可以采用多种形式,包括学生评教、同行评教以及教师自我评估等。

核心要素:

(1)学生评教:学生通过填写评估问卷,对教师的教学效果、课程内容的相关性以及教学方法的有效性进行评价。

(2)同行评教:同事或专家对教师的教学方法和课堂表现进行评估。

(3)自我评估:教师对自己在教学过程中的表现进行反思和总结。

(4)机构评教:学校或教育机构对教师的整体教学质量进行评估,通常包括统计数据分析和教学结果的总结。

教学评估旨在提高教学质量,识别需要改进的领域,并为教师提供反馈,帮助他们改进教学方法。此外,它还可以作为教师考核和奖惩的重要依据。

▶ **自我评估(Self Evaluation)**

自我评估是指个人对自己在某个特定领域的表现或成就进行自我反思和评价的过程。在教育领域,自我评估通常指教师对自己教学活动和教学效果的反思和总结。

核心要素：

（1）反思教学实践：教师回顾自己在教学中的表现，思考哪些方面做得好，哪些方面需要改进。

（2）设定目标：根据评估结果，教师可以设定新的教学目标，以提升自己的教学水平。

（3）反馈机制：自我评估通常包括对学生评教和同行评教反馈的反思，以便更好地理解自己在教学中的表现。

（4）持续改进：通过自我评估，教师可以持续改进自己的教学方法，提升教学效果。

自我评估的目的是帮助教师了解自己的教学优势和不足，促使其在教学过程中不断提高和进步。

▶ **终身教职（Tenure）**

终身教职是高等教育机构授予教师的一种长期职位，通常意味着该教师在经过一段时间的试用期后，获得了学术职位的长期保障，除非有特殊情况，否则不会被解雇。

核心要素：

（1）职位保障：获得终身教职的教师在没有正当理由的情况下不会被解雇，故终身教职可为教师提供稳定的职业保障。

（2）学术自由：终身教职保障了教师在教学和研究方面的自由，使他们能够在不受外部压力影响的情况下进行学术探索和发表研究成果。

（3）评审过程：教师通常需要经过一段时间的试用期，并通过严格的评审，包括教学、研究和服务等方面的考核，才能获得终身教职。

（4）职业发展：终身教职为教师提供了一个长期的职业发展平台，有助于他们在学术领域内进行持续的研究和教学改进。

终身教职的目的是为教师提供职业的稳定性，鼓励学术创新，保护学术自由，并吸引和留住优秀的学术人才。

▶ **绩效奖（Merit）**

绩效奖是员工工作表现出色或达成特定目标后所获得的奖励。在教育领域，绩效奖通常指高校对教师在教学、研究和服务等方面的优异表现所给予的奖励。

核心要素：

（1）工作表现：绩效奖基于教师在教学质量、研究成果和服务贡献等方面的表现进行评定。

（2）奖励形式：奖励可以是一次性的奖金，也可以是基础工资的增加，或者是其他形式的认可，如晋升机会。

（3）评估标准：绩效奖的评定标准通常包括教学评估结果、科研成果、发表论文的数量和质量、参与学术活动等。

（4）激励机制：绩效奖旨在激励教师提高教学和科研水平，推动学术进步。

绩效奖的目的是鼓励和激励教师在教学和科研领域不断追求卓越，提升整体教育质量和学术水平，同时也作为对教师贡献的认可和奖励。

高校师资晋升制度的流程是怎样的？

本篇概要

　　本文讨论了作者在中国和美国教师晋升过程的亲身经历，强调了由于两国不同的"学术生态系统"而产生的显著差异。在美国，教师的晋升过程，包括获得终身教职，都是有条不紊和标准化的，通常持续6个月以上，并在系、学院和大学层面进行审查，它强调专业性和学术影响力。晋升被视为确保机构教学的研究质量和声誉的一种手段。美国的教师晋升制度将教师分为终身教职和非终身教职，终身教职教师承担教学、研究和服务的责任。非终身教职教师通常专注于教学或研究，不承担服务义务。晋升标准因机构和学科而异，但通常包括重大研究贡献、教学效率和服务记录。相比之下，中国的体制往往考虑学术表现以外的因素，例如资历和行政责任。中国的教师晋升过程常因行政偏见以及忽视学术价值而偏向资历或关系而受到批评。本文的结论是，美国高校晋升制度严格，强调学术成就和专业精神，中国高校晋升制度由于行政纠葛而难以解决公平和学术诚信问题。作者建议，中国可以从采用美国方法的元素中受益，以创建更健康的学术生态系统和更基于绩效的晋升制度。

二十多年前，本人曾亲历在国内一所著名大学的副高职称晋升。数年后赴美访问留学，又亲历了一次副高职称以及数年后的正高职称晋升。同样是高校职称晋升，由于各自的"学术生态"不同，个人感受大相径庭。本文将结合中美两国高校职称晋升亲历和感受，对美国高校师资晋升制度包括晋升对象、晋升条件、晋升标准、晋升程序及其特点等进行梳理介绍，以期领悟出一种良性的"学术生态"和健康的职称晋升制度设计。

美国大学的晋升说简单也十分简单，按时间表递交所应该递交的全部材料，然后就等着最后的批文。说复杂又有点复杂，整个审核过程需要差不多6个多月，一路经过系、院、校三级的审核，在此期间不允许也不需要有任何"小动作"。美国大学强调的是专业精神和学术影响力，而不是把师资晋升作为教师年资激励甚至是师资福利。无疑，大学师资职称晋升是为了确保学校的教学和研究水平、质量及声誉。美国的正规大学都有一整套完整而严谨的师资晋升制度，包括晋升和终身职。由于晋升往往伴随着终身职的评定授予，因此本文主要以晋升作为主线展开介绍。此外，美国大学又有"研究型""研究兼教学型"（或"教学兼研究型"）和"教学型"大学之分，因此，晋升标准也会有明显差异。本文所介绍的主要是"研究兼教学型"的大学，大部分州立大学和相当一部分私立学校属于此类。不包括纯"教学型"大学或社区学院。

一、晋升对象

美国高校教师分为"终身职轨道"教师和"非终身职轨道"教师。"终身职轨道"的教师一般包括正教授、副教授和助理教授；而"非终身职轨道"的教师则包括一些兼职教授、讲师、一般教员、博士后以及研究人员等。"终身职轨道"教师和"非终身职轨道"教师的主要区别是前者同时承担教学、研究、服务三项大学基本任务，是大学的教学和科研力量的核心；而后者只从事教学（或科研），基本不从事服务工作。

美国高校教师还分为"全职教师"和"兼职教师"。教授如果兼任行政职务，则不能称为"全职教师"，或只能以兼职的百分比计算。一个教师的工作量如果超过75%就算全职教师，不足者则为兼职教师。大部分"终身职轨道"教师和一部分"非终身职轨道"教师是全职教师。全职教师和兼职教师的主要区别是，全职教师有工作保障，享有学校基本福利，以及学术会议和科研经费、学术假申请的资格；而兼职教师则没有工作保障，不享有学校福利以及所有科研经费申请资格。兼职教师通常是拎包上课，下课走人，按课付酬。

只有既属于"终身职轨道"，又属于"全职教师"的教师，才有资格参与晋升。因此，这部分教师相对高校师资的总体，数量有限。近几十年来，美国高校的师资结构发生了明显变化。有资料显示，美国一般大学"终身职"类（包括已获得"终身职"的以及尚在"终身职轨道"的）的比例从1975年的57%下降到2007年的31%。也就是说，美国大学出现了一大批专门从事教书工作的教师，其数量已经超过教师总数的三分之二。大多数"非终身职"教师同时也是兼职教师。

就本人所在的州立大学来看，"终身职轨道"类教师占38.7%，而"非终身职轨道"或称兼职教师占61.2%。可见，"非终身职轨道"教师比例已过半。正常的晋升途径是，"终身职轨道"的助理教授需要积累漫长的教学科研经历，经过"终身职"的申请和审查后获得"终身职"，并同时晋升为副教授。在晋升副教授的同时获得"终身职"。美国高校师资职称的最高级是正教授。

二、晋升条件

通常，美国高校在招聘师资时便已确认该岗位是否为"终身职轨道"教职，而其最底线的晋升条件是申请者的教学科研经历，即在岗的年份。刚毕业的博士（或有2—3年的博士后经历者）如获聘通常即给予助理教授职位；有6年的助理教授经历可晋升到副教授，同时获得"终身职"；然后再有5年的副教授经历可晋升到正教授。这样的晋升时间顺序不是每个人都可以顺利实现的，有不少副教授，虽然已经拿到了"终身职"，但多年后，甚至数十年后，直到退休之前仍然只是副教授。仅以我所在的社会学系的一位老系主任为例，他工作勤勤恳恳，已在该校工作20多年，年龄已过60岁，但目前仍然是副教授，而且他也从来没有提出晋升正教授的要求。这样的例子相当多。中国式的"直升机"或跳跃式晋升、年轻教师"打擂台"等破格提升的机会在美国非常稀少，几乎闻所未闻。

刚任职的助理教授在3年后要经历一个严格评审，其目的是根据3年来的表现、成绩和贡献来决定其是否在第6年还可以继续任教。通过了这一关，就有资格在第6年后申请进入"终身职"并同时晋升为副教授。通常申请"终身职"有两次机会（任教的第六年以及次年），如两次申请都通不过，在第7年末就必须离开本校另寻出路。

能从博士后拿到助理教授教职的基本条件是：申请者必须在该专业领域具有科研能力，具备胜任课堂教学的才能。从助理教授晋升到副教授，同时获得"终身职"的基本条件是具有充分的学术科研能力，在本专业领域做出相当的科研成果，并在国内同行中已获认可。从副教授晋升为正教授的基本条件是必须具有相当的学术影响力，并在世界范围内被同行认可，同时能胜任学术带头人角色。尽管每级的晋升标准不一样，但审批的基本程序是相同的。

三、晋升标准

美国高校晋升的标准没有统一规定。由于各学校、各专业的要求不同，因此，标准也不同。通常，教授所在的系、院、校三级有各自制定的相应的晋升标准，包括教学、科研和服务三项。正如我所在大学的一位老校长所言，高校的教学、科研、服务三项各自有它的应用和评价范围。教学主要是对校内，科研则是对校外，甚至更大范围上讲是对学术界（世界范围）产生影响，而服务则是介于校内和校外之间的一项。然而，如想知道确切的美国各大学不同学科各级别教授以及"终身职"授予的实际评审标准，一个简单的办法是查看他们的简历。美国绝大部分高校都要求教授简历上网，并保持更新。通过查看这些教授的简历，就能发现各校各系实际执行的"终身职"以及各种不同职称的考核标准。

就以副高职称评审为例，目前美国"研究兼教学型"大学的社会科学专业晋升副教授（同时获"终身职"）考核最一般的标准是一本由大学出版社出版的学术专著和3—5篇本学科主要期刊上发表的论文。当然，这个评价标准应时而异，如过去几十年来，社会科学类晋升的评价标准在缓慢提高，三四十年前有2—3篇论文即可，近一二十年来则还要求出版一本专著。目前这个标准还有提高的趋势，要求更多高水平论文或第2本专著等。

本人所在的系的评价标准分成A、B、C三种类别，并以不同的分值计算。参看下图A类（分值最高），B类（分值居中），C类（分值最低），总分则是这三类的组合分：

CATEGORY A	CATEGORY B	CATEGORY C
The emphasis on publications in Category A is on major publications involving peer-reviewed, original research that contributes to the existing literature in the discipline in novel ways. • Full-length academic book or monograph (cannot be self-published, or published in a vanity press) • Peer-reviewed article published in a scholarly journal • Chapter in a scholarly book • Externally-funded Research Grant • Editor of a scholarly, peer-reviewed journal • Agency or research Report contributing original knowledge for a grant-funded agency	Items in Category B are smaller in scope and impact; they also may or may not involve both peer-review and/or serve as original research. • Textbook • Book review • Encyclopedia entry • Edited book • Research note • Agency report • Articles in non-refereed scholarly journals • Published proceedings • Applied scholarship (oral history, local impact studies) • Unfunded major research grant proposal (only one of these may be counted)	Items in Category C demonstrate active engagement in the discipline, but may not involve written publication • Conference presentation • (Funded) Mini Grant through Graduate School • Manuscript reviewer • Professional development of research skills (i.e. attendance at NIH workshop) • Organizer of panel or discussant in roundtable at academic conference • Invited professional and academic speeches

晋升标准中对科研成果的审核细则

晋升标准虽有数量指标，但重在学术质量。如某教师发表十多篇文章，但都是在学术地位相当低的杂志上发表，则不能计入分值或少计入。同样一本书，在不同的出版社出版，其学术地位和学术影响力大不相同。本人曾有一本专著在University Press of America出版，另一本则是在Routledge，Taylor & Francis Group出版。评审委员会评审时，这两本书的评价分量就完全不同。有声望的、资深出版社出版的书，其在世界范围的学术影响力在美国高校教授评价体系中是公认的。

四、晋升程序

美国高校晋升的程序非常严格，时间表固定。例如本人所在大学对任何种类的晋升评审的时间程序一以贯之，按部就班，严格按时间序列执行，甚至差一天也不行。

正如时间表规定的，每年9月15日是申请材料递交的截止日，过时不候。申请晋升的教师必须按规定的时间递交所有材料，由下往上经由系、院、校逐级有序进行审核。每一层级都有规定的日期，必须按时完成。如截止日正遇上周末，则以下一周的周一为截止日。具体的晋升评审程序以申请"终身职"（兼晋升副教授）为例来加以说明：

（1）递交个人汇总报告。申请者必须递交一份反映申请人在近6年内教学和科研中所取得成绩的汇总报告。材料必须翔实、具体，可以附上各种原件和证明文本，以说服所有评审专家申请者有资格获得这一晋升。汇总报告的内容通常包括以下几大方面：① 个人学术简历和聘用历史。② 教学成绩。详细给出在课堂教学、开设新课程和培养学生方面的具体成绩，包括学生评语和分数等原始资料。③ 科研成果。提供能突出反映申请人近6年内成绩的学术作品。包括列出近期出版的书籍、撰写的书的章节、发表在正式期刊上的文章、申请的专利、特邀学术报告和会议报告。④ 科研基金获得。列出近6年内属于自己可支配的科研项目名称、基金数额、基金来源和起止日期等。⑤ 服务性工作。列出近6年内对本系、学院和学校，甚至是对社区和校外有贡献的服务性工作；列出参与专业学会和具有学术带头身份的有突出贡献的工作。⑥ 获奖。列出近6年内的各种获奖情况。

（2）系评审委员会审议。经系主任提议，由5—8名已获"终身职"的教授或副教授组成"职称和终身职评定委员会"。如果该系教授人数少，则所有"终身职"教授都应当是评审委员会委员。系主任本人不能参与该委员会。根据申请者提供的材料，该委员会委员在分别查阅（现可以扫描后以电子版的形式发送到各委员会电子邮箱，直接在网上阅读）之后写出一份如实评价申请者在各方面成绩和存在的问题的鉴定书，并附上自己的投票，明确表示同意、反对或弃权。投票结果最后汇总后报告系主任。

（3）校外专家评审。根据申请者提供的汇总报告和相应材料，系主任将把这些材料（或其电子版）电邮给国内和国外相关领域的知名学者，请他们写出对申请人学术水平和贡献的评价信。一般至少需要2封（视各高校情况而定）。其目的是考察申请人的国际知名度和学术影响力。申请者曾经的博士导师一般不能作为校外评审专家。

（4）系主任的推荐信和评语。系主任根据评审委员会的报告，对申请人在本单位工作的成绩和存在的问题给出综述。就申请人的学术质量和学术影响力以及申请人的教学评估成绩、教学质量等写出评语。如表示赞同，则需要向院级写一份推荐信，这份推荐信将存档。系主任如果反对委员会投票的结果，则需要充分说明理由。系主任无论表示赞同或反对，都需要发送一份拷贝信件到申请人的信箱。

（5）学院评审委员会意见。根据系主任的推荐，学院评审委员会由跨系所的8到10位教授组成，院长不能参与该委员会。委员会成员分别审核申请人的材料并给出各自独立的评审意见。该委员会同时将对全院所有申请晋升者进行平衡，以避免由系一级评审而引起的偏差与失误。该委员会审核完毕，则将向学院院长给出书面报告。根据所有以上评审材料，学院院长向校长提交包含自己的裁决意见的书面报告。院长同时需要发一份拷贝件给申请人。

（6）学校学术委员会意见。由各学院院长或代表组成的学校学术委员会综合所有材料,向教务长提出对申请者的裁决意见。该委员会的目的是保持各学院间的均衡。教务长通过后则向校长报告。同时,教务长也会将相关的意见通知申请者本人,通常以书面形式发出。

(7)校长最终裁决。根据所有意见,校长提出最后裁决意见。在私立学校,校长裁决就是最后结论。在公立学校,校长裁决要上报到州教育系统董事会进行最后审批,审批的裁决将是最后批准结果。至此,整个审批过程结束。

五、美国高校师资晋升的特点

综上所述,美国教授晋升制度相当规范,而且具有严格的程序。上述只是对美国高校晋升对象、晋升条件、晋升标准、晋升程序作一些介绍,可以大致了解其如何操作。以下对其主要特点进行介绍,并与国内师资晋升的特点加以对照。

(1)师资分类:美国高校教师区分"终身职轨道"和"非终身职轨道",以及"全职教师"和"兼职教师"。不再是通过让所有教师同时从事教学、科研与服务来实现大学的三项基本职能,而是对所有教师进行分工,这样也使晋升对象有所限定,体现了师资管理的合理化,有利于职称资源的有效、精准应用。这点明显与国内高校做法不同,它实际上排除行政管理人员兼任教师的晋升可能性。也使得没有做学问资质的教师,专心于教学,不必被"赶鸭子上架"。

(2)程序规范:晋升过程规范化,时间表固定,对不同层级的职称和对每位申请人都是一样的程序。一旦晋升程序开始,各个环节都有相应的步骤,一以贯之,即使提出否决意见,也照样走完程序。只有申请者本人有权在任何层级提出退出审批过程,任何行政长官,或任何委员会委员无权阻碍或中断整个晋升过程。然而,申请者如在递交申请晋升报告之后提出撤回,该申请者将在本学年结束后收到终止续聘合同的文件(仅适用于申请者在申请"终身职"的最后一年),或该撤回书将存个人档案。因此,申请者在决定申报晋升前,必须相当小心,仔细衡量是否达标才行。

(3)独立审核:行政长官不参与委员会工作,委员会各委员以各自的专业眼光以及诚实尊严独立审核,递交审核报告并投票,回避小范围私下合议。所有审核报告与原始投票结果都将移送上一层级,并保存在案,以便日后复查。虽然整个审核投票过程系主任不得参与,但系主任的综合评语以及推荐信在整个过程中仍然有不可忽视的作用。因为上一级会慎重考虑下一级的意见。系主任可以否决委员会的投票结果,但必须拿出具有足够说服力的证据。此外,高度重视第三方意见。第三方意见之所以重要是因为美国管理文化假定,直接利益相关方会因利益关系而产生偏见。因此代表中立的第三方的专家意见应该更为可靠,这与美国学界普遍的专业精神有关。少数国内高校过于强化各级行政权力,管理人员渗透于职称评审过多,其结果造成对晋升教师的学术评价更加脱离实际,并最终损害大学的专业精神和学术发展。

(4)层级反馈:美国高校的晋升制度规定,在各个层级的评审过程中必须以书面的形式通知申请者相关的评审决定。申请者收到任何层级的对于晋升的否定意见,如有不满,可在5天内递交不超过3页的申诉书。该层级的相关负责人在收到申诉书后,必须重新查阅该申请者的文档,并安排时间与申诉者见面,在5个工作日内必须对上诉书提出的要求作出回答。如果该申诉者仍然对所作出的决定不满意,可以向上一层级提出申诉。上一层级同样必须在5个工作日之内作出回答。这种层级反馈机制使得申请者在获知负面结果后产生的不满情绪在各个环节得到释放,使得潜在矛盾及时得到化解。

(5)学术至上:美国高校师资职称晋升中特别强调专业精神,评价标准专业化、学术化。不以教师年资、校内服务等因素作为投票标准,而注重学术能力和学术影响力。国内高校职称评定往往照顾年资,论资排辈,其原因是职称与工资福利直接挂钩。相比之下,美国高校教授在职称不变的情况下,每年都有薪资增加。因此,有些教师尽管是副教授职称,但由于年资较长,年薪可能比正教授更高。这样的例子不在少数。

亲历中美高校教授职称晋升,深感国内的高校职称评审之所以频遭诟病,确有其原因及有待改进之处。国内高校20世纪80年代初的师资晋升主要是以年资为基准。由于工资与职称直接挂钩,因此高校常常首先照顾那些年资较高的师资,对申请者科研成果重视程度相当低,这与当时的师资队伍总体素质有关。由于高校行政化,也就无从谈及"学术生态"。80年代末和90年代初由于大量的研究生毕业留校任教,高校开始注重青年教师的"打擂台",30来岁年轻教师直接晋升为教授的不在少数。由于高校政策上向青年教师倾斜,因此而冷落了中年教师的职称晋升。于是中年教师"上不沾天,下不着地:两头落空"。为了弥补这种制度上的缺陷,高校设计出了一种"名义副教授"或"名义教授"职称,即对于已经符合职称标准但没有轮到名额的申请者只授予"名义上"的不与工资挂钩的职称(如可用于参加会议的抬头和印名片等,即所谓的"地方粮票")。90年代末以来,由于"僧多粥少",高校职称评审中的标准不断更新提高,职称晋升难度越来越大。一些高校要求副高职称申请者有省部级课题项目。于是，校园内萌生所谓的"项目化生存"生态，教师的学术生命都系于课题项目之上，而普遍轻视教学。然而课题项目毕竟有限，又缺乏合理的机制来分配这些资源，于是抢课题、抄袭等现象开始出现。这种倾向更进一步导致了学术"权力寻租"，使得学者不得不为了争夺各种所谓的学术利益和荣誉而疲于奔命。这恐怕不能简单说是教师个人的素养问题，而是师资晋升制度设计和操作过程中的缺陷，以及整个"学术生态"的不健康所致。

国内高校教师队伍总体上是由一批具有强烈自尊，崇尚科学，追求完善人格的群体所组成，他们视职称为学术生命的重要组成部分。而在职称晋升中忽视专业精神、拔苗助长、行政化倾向则意味着对教师崇尚的科学事业的鄙视甚至是亵渎。近年来，高校师资晋升评审中的这些问题似乎正在慢慢得到重视，然而培育良好的"学术生态"也许不是一朝一夕能成就的事，需要整个"生态"大环境的同步。中美高校师资职称晋升的亲历从一个侧面告诉人们：不同的"学术生态"在很大程度上决定了这一生态中的任何个体的生存境遇和成长轨道。营造良性的"学术生态"和健康的高校师资职称晋升制度迫在眉睫。

概念提要

▶ **专业精神（Professionalism）**

专业精神是指对某一领域专业人士应遵守的一套标准、道德和行为的承诺。它包括反映对工作质量、诚信和卓越的奉献精神的态度、行为和实践。

核心要素：

（1）道德：遵守行为准则和道德准则。

（2）能力：展示高水平的技能和知识。

（3）责任：对自己的行为和决定负责。

（4）尊重：以尊重和专业的态度对待他人。

（5）诚信：坚持诚实和透明。

（6）持续改进：致力于持续学习和发展。

应用：

（1）确保专业任务的质量和可靠性。

（2）在专业关系中保持保密性和信任。

（3）维护职业声誉并树立积极榜样。

▶ **终身职轨道（Tenure Track）**

终身职轨道是学术界的一条职业道路，可通往永久职位，通常是全职教授。它涉及试用期，在此期间，高校将根据教职员工的教学、研究和服务贡献对其进行评估。

核心要素：

（1）试用期：严格评估绩效的固定年数（通常为5—7年）。

（2）评估标准：包括教学效果、研究成果、出版物、资助和对机构的服务。

（3）终身职决定：试用期结束时，将进行全面审查，以确定个人是否获得终身职。

（4）工作保障：终身职位提供工作保障、学术自由和从事长期研究项目的条件。

应用：

（1）为学术职业发展提供结构化途径。

（2）鼓励高标准的教学和研究。

（3）确保学术部门的稳定性和连续性。

▶ **全职教师（Full Time Professor）**

全职教师是指在学术机构担任全职职位的教职员工。他们通常负责教学、研究和服务，为机构的学术和行政职能作出贡献。

核心要素：

（1）教学：提供讲座、研讨会和课程。

（2）研究：进行和发表原创研究。

（3）服务：参与机构委员会和活动。

（4）建议：指导学生并提供学术指导。

应用：

（1）高等教育机构学术使命的核心。

（2）在课程开发和创新中发挥关键作用。

（3）参与促进其研究领域发展的学术活动。

▶ **学术影响力（Academic Impact）**

学术影响力是指学者的工作对其研究领域及其他领域的重要性和贡献。它通常通过引用、出版物以及其研究和教学的更广泛影响力来衡量。

核心要素：

（1）引用：其他研究人员引用其工作的频率。

（2）出版物：在知名期刊上发表的研究的数量和质量。

（3）奖项和荣誉：同行和学术机构的认可。

（4）会议演讲：受邀在著名会议上演讲。

（5）合作：参与重大研究项目和伙伴关系。

应用：

（1）反映学者对知识进步的贡献。

（2）影响未来的研究方向和政策。

（3）提高学者及其机构的声誉。

大学师资培训制度是如何贯彻的？

本篇概要

美国高校在教师培训方面虽然没有统一的教材或网络体系，但各校都普遍实施系统化、规范化的全方位培训，旨在确保教师队伍的质量，提高教学和科研能力。培训种类多样，包括强制性培训、岗位职务培训、科研培训和教学技术培训。培训内容广泛，包括伦理操守、信息安全、反性骚扰等，这些都要求全体教师定期参加，并通过严格的测验才能合格。

具体来说，强制性培训多由学校人事处组织，涉及伦理操守、信息安全和性骚扰防范等方面的规定，所有教师必须在入职30天内以及之后每两年完成一次。岗位培训则由相关部门负责，内容包括就业和教育的反歧视政策，确保系主任等岗位工作人员对相关政策有深入了解。科研类培训由学校的研究与资助项目办公室负责，内容涉及研究资助申请、学术诚信、人类受试者保护等，所有科研人员必须完成合规培训才能参与研究项目。教学技术培训由教师卓越与创新中心主导，主要提供计算机技能、在线课程设置等应用性培训，旨在提升教学质量。美国高校对教师行为有严格的监督和约束，确保每位教师明确行为规范和科研教学的基本要求。

总体上来说，美国高校虽然没有统一的高校师资培训教材和高校师资培训网络体系，但各个高校和校区系统（指有总部和分支校园的大学群）都对自己本校或本系统的教师进行经常性、规范性、全方位的全员培训，其目的在于确保师资队伍的质量，强化操守，促进科研，提高教学技能。

以本人作为个案，在此仅截取2005年之后5年的培训档案记录：共参与培训30次；平均培训时间40分钟/次。其中属于规定的"强制性培训"10次，岗位职务培训4次，科研培训10次，教技培训6次。培训形式：网上培训20次，面对面培训10次。这些培训还不包括那些没有档案记录的、临时性的培训。绝大部分培训都是免费的。大多是网络授课，因此，可以在任何时间，比如周末或晚上在家里上网参加培训课程。培训结束后附有测验，必须满分才能通过，未能获得满分，可重复任意次测验，直到获得满分。满分通过后会收到电子邮件通知，有些培训还发放证书，通过邮件寄到手里。

"全方位师资培训"制度体现在培训理念、立法以及一整套机制。其基本的理念是，对全体教职员工的培训是作为正式机构的基本职能，主要体现在四个方面：Attention, Education, Retention, Function，即提醒你需要注意的事项，提供给你各方面的继续教育机会，试图让你持续地工作下去，以及执行对不合规者的淘汰功能。学校的"培训和发展办公室"负责监督所有教职员工接受由大学或校区系统授权的培训项目，同时也提供其他各种培训机会，以满足各院系部门的要求以及专项内容和各种团队建设的需要，提高工作效率，并帮助提高员工的能力和技能。

"全方位培训"大致可以划分为规范类、岗位类、科研类、教技类以及福利类等五类。

一、规范类培训

"规范类培训"通常由学校的人事处安排,属于HR Training,即有关"家规国法"的培训。此类培训大都是强制性培训,诸如伦理操守、信息安全、防性骚扰等的培训。对有关"伦理操守"的培训,要求所有教师(包括员工)在他们正式参加工作的30天内,以及此后的每两年,都需要完成这一培训项目。而有关"信息安全"的课程则要求教职员工在接受应聘岗位后的30天内以及此后每年都要参与此培训。可见,这类培训要求非常严格。

伦理操守培训的内容相当多,大致上包括了教师的行为规范,大到教学准则、师生关系(回避师生恋)、岗位责任等,小到出差报销、收受礼品等。甚至对收受礼品的价格不能高于50美元等都有明确告示,对违规如何处置等都有专门条例。

二、岗位类培训

"岗位类培训"主要由相应的岗位所属部门负责,即"应知应会"培训或职位培训。假设你担任的是系主任的职务,那么有些培训项目必须完成,其中包括有关"公民权利规定"的培训。其内容主要是了解确保就业和教育上免于一切形式的歧视,以及创造工作中勿予报复的环境。如果任何人认定自己已被歧视或受到了某种形式的报复,则受害者可以采取非正式或正式的投诉程序等措施。这些政策和规定作为系主任都必须了解。

还有一些是有关国家立法规定等内容的培训,如"平等机会和积极行动"培训是有关禁止任何由于种族、肤色、宗教、性别、年龄、国籍、残疾等原因而造成的在就业中的歧视。禁止在招聘、选拔、晋升、降级、解雇、终止、转移、培训，或任何其他形式的补偿或给付方面的各种歧视。

如果你担任的是系研究生主任，校研究生院会安排一些基本的培训项目，包括如何使用相关的研究生数据库，如何填报数据和年终表格等。又比如你参与某一涉及政策性很强的委员会工作，也必须接受培训。某年，本人所在的社会学系需要新招一名教师，系里安排我参加"师资招聘遴选委员会"。名单上报到学校后，当天就收到电子邮件提示："如果你还没有获得相关'招聘和遴选'的培训课目的证书，务必在一周内完成培训，才能正式参与此项工作。"可见，不论担任何种职务，必须参加有关培训才能上岗。

三、科研类培训

此类培训主要由学校的"研究和资助项目办公室"负责。该办公室的宗旨是为引导和促进教师和科研人员参与各项科研活动提供友善服务以及各种学术研究的机会。因此，其培训的内容包括如何争取获得联邦政府以及其他各渠道的科研资助项目；如何遵守研究领域的规范；如何使用各种网上信息平台，开发研究和资助项目的主题等。具体包括研究合规培训、人类受试者保护培训、时间和精力报告培训、学术诚信培训、生物安全培训等。所有参与相关研究的人员必须首先完成所要求的合规培训才能正式参与工作。

另外还有一些关于使用网络资源的培训，比如：如何寻找研究资助、如何使用GRC和PIVOT。GRC(Global Research Council)，即"全球研究理事会"，是用来在网上寻找联邦系统资助科研赞助经费项目的平台，由美国国家科学基金会、德国科学基金会和中国科学院等11家机构发起,于2012年创立,旨在探讨和寻求国际科技界能够共同接受的科学发展方略,推动和实现更多更好的国际科技合作。PIVOT则是帮助申请人查找全球范围研究项目的数据库。它提供多种文献索引和摘要、全文及全文影像资料库,设计了14种语言界面可供选择,并可在检索过程中随时更换。可实现跨库检索和特定数据库检索,提供全球学者信息数据库和全球资金资助数据库等。研究者可以利用PIVOT这些卓越的研究帮助资源,立即获得最全面、最新的科研基金、学术会议和学者信息等。

针对有关社会科学和人文科学的调查研究项目,学校专设"机构审查委员会"负责审查。机构审查委员会通常也被称为一个独立的伦理委员会,它是美国已正式指定批准的,对涉及人类的生物医学和行为研究进行监视和审查的委员会。机构审查委员会设在所有高校及研究机构,进行某种形式的研究风险效益分析以确定是否应该或允许做这样的研究。机构审查委员会的目的是确保采取适当步骤,保护作为研究主体的人的福利和权利。因此,任何涉及人类受试者的调查研究项目的主要负责人或参与人员,都必须参与相关的培训并获得审批通过,才能开展相关调查研究。

四、教技类培训

"教技类培训"则是由学校的"教师卓越与创新中心"主要负责。主要是组织开展应用性培训,包括电脑技能、科技、网上课程设置等培训。其目标是为教学改革优化提供及时、有效的支持;为教师发展和教学研究提供机会。

美国高校一般都设有教学技能培训中心,重视教学技能的培训。培训中心面向全校教师开放，教师可以自愿去教学技能培训中心受训以提高教学水平。有关培训项目课程等都可以在网上查看，可即时进行培训登记。这类培训还包括教学策略、教学教授博客、网站的使用指导、电子信息资源的可访问性培训。学校提供单一的教师培训，如果你找不到你想要培训的项目，可以发送一个请求，培训部门可以单独为你进行有关培训。只要与教学主题有关，有利于课程开发和教师发展等的都会得到支持。这些培训大部分都是免费的，也有少量是收费培训，包括微软Outlook 2013要点、高效人士的7个习惯等。

五、福利类培训

其他培训则主要是福利类培训，此类培训大都是收费项目。诸如Wellness Programs、健身课程培训、瑜伽课程等。此处不作赘述。

美国高校十分重视教师的招聘和遴选，同样也相当重视应聘在岗教师的培训，并力图在制度和体制方面体现其连贯性和有效性。如发现不合规者，或有举报，一旦认定必按条例执行。本人所在的社会学系当年有一位年轻教师即因为有人举报其在同事中有"性骚扰"行为而在应聘的次年即予解聘。对教师的全员培训是美国高校的常规工作，以确保每一位应聘在岗的教师明白基本规范，以及掌握科研教学的必备准则和技能。特别是"规范类培训"，它是强制性培训，务必通过这个培训使每一位在任教师明白应该做什么，不应该做什么。如同"家规国法"，必须晓之以理，导之以行，绳之以法。美国高校对优秀教师有奖励表彰，但不主张对先进人物大做文章，杜绝宣传鼓动。这是因为"被典型者"由于受到追捧，其表现会与众不同。心理学中著名的"霍桑试验"证实,当人们在知道自己被作为实验对象时,他们会自觉或不自觉地改变其正常的行为,而满足研究者的设计要求。也类似于社会调查中的"观察者期望效应"(Observer Expectancy Effect),被调查人员会随研究者"所好"而有所表现,这将使得研究可信度大受影响。美国高校教师"全方位培训"的制度具有合理性和可行性,然而在实践中也并非完美。"强制性培训"一般都必须参加,但其他科研类或教技类培训由于随意性和自由度比较大,则参与人数并不如人意。

近年来,国内高校改革有所进展,高校教师的培训工作开始引起重视,但在行政体制改革和实行"院系实体化"之后,校级的许多工作事项都直接下放到院系级。校级部门为免"越俎代庖"之嫌而对重要相关培训放手让院系层面负责,因而容易受到忽视;而院系层面对于培训工作则是心有余而力不足,苦于无法得心应手,即使做了工作也可能流于形式。全员师资培训是一项长远的、细致的、需要大量投入的常规工作,并非一件可有可无,或可以其他方式替代的工作,需要校级主管部门负责和协调。中国传统文化中的"养不教,父之过",指的是孩子不懂规矩,人们往往会认为家长没有教育好。教师为人师表,言行举止在一定程度上反映了学校是否重视培训,是否"晓之以理,导之以行,绳之以法"。高校教师是培养人才的"工程师",对这些"工程师"的培训无疑是当务之急,万不可敷衍了事。

概念提要

▶ **强制性培训(Mandatory Training)**

强制性培训是指所有相关人员必须参与的培训课程,其目的是确保人员了解并遵守特定的法律、法规、政策或工作要求。这类培训通常由组织机构按法律法规要求执行，覆盖内容包括伦理操守、安全规程、信息保护、防止性骚扰等领域。未参与或未通过强制性培训的人员可能会面临法律或组织内部的处罚，甚至影响他们的工作资格或晋升机会。

核心要素：

（1）必须参与和完成。

（2）旨在确保合规性和提升工作标准。

（3）涉及法律法规、公司政策、职业操守等方面。

▶ **伦理操守（Ethics）**

伦理操守是指在个人和专业行为中应遵循的一系列道德原则和规范。这些原则和规范帮助个体在决策和行动中辨别是非善恶，确保行为符合社会和职业道德标准。伦理操守涵盖广泛，包括诚实、正直、公平、尊重他人等，是维持社会秩序和信任的重要基础。

核心要素：

（1）是指引个人和职业行为的道德标准。

（2）强调诚实、公正和尊重。

（3）涉及各类行为决策中的伦理考量。

▶ **学术诚信（Academic Integrity）**

学术诚信是指在学术活动中保持诚实和真实的一种行为准则。它包括防止抄袭、伪造数据、作弊、剽窃等不正当行为，确保学术工作的公正性和真实性。学术诚信是学术界维护知识创造和传播的重要基础，对学生、研究人员和教育机构都至关重要。

核心要素：
（1）强调诚实、公正、真实的学术行为。
（2）禁止抄袭、作弊和数据伪造。
（3）学术研究和教育的重要基石。

▶ **科研合规培训（Research Compliance Training）**

科研合规培训是指为确保科研活动符合相关法律、法规和伦理标准而进行的培训。其目的是教育研究人员如何遵守规定，以保障研究的合法性和伦理性。内容通常包括数据管理、知情同意、动物实验规范、伦理审查等方面，确保研究过程透明和合法。

核心要素：
（1）教育科研人员遵守法律和伦理标准。
（2）涉及数据管理、实验规范等。
（3）保障研究的合法性和伦理性。

▶ **机构审查委员会（Institutional Review Board）**

机构审查委员会（IRB）是负责审查和监督涉及人类受试者的研究项目的独立机构。其主要职责是确保研究项目符合伦理规范，保护受试者的权益和安全。IRB审查包括对研究设计、知情同意过程、风险评估等的严格审核，以确保研究在道德和法律上合规。

核心要素：
（1）监督涉及人类受试者的研究项目。
（2）保护受试者的权益和安全。
（3）确保研究符合伦理和法律标准。

高校行政职位的"自我提名"机制是如何体现的？

本篇概要

本文深入研究了美国大学的行政结构和招聘实践。除了那些关键的行政职位，如校长、教务长和负责研究、财务等领域的各副校长通常是通过全国或全球搜索来填补的之外，有趣的是，美国大学的许多行政职位是通过内部发布来填补的，并且非常强调自我提名。内部职位空缺通过大学求职门户和电子邮件系统公开发布。一些职位对外部候选人开放，而其他职位则仅限于内部申请人。教职员工可以自我提名这些职位，并提出自己的资格和职位建议。这种内部招聘方法培养了一种自我主动和个人赋权的文化，符合美国的个人主义和平等价值观。

自我提名的概念反映了大学治理中的民主原则，促进了透明度、公平性和平等机会。这种机制允许个人积极追求与他们的技能和抱负相符的角色，从而支持个人成长和职业发展。总体而言，美国大学的自我提名制度体现了对民主程序的承诺，培养了精英文化和参与机构治理的包容性。该系统鼓励教职员工积极参与他们的专业社区，为营造充满活力和参与度的学术环境作出贡献。

美国大学的行政管理层主要包括校长、兼管学术的常务副校长和分别主管科研、财务和行政、校园设施等的副校长，以及院长、系主任等。大部分主要行政岗位的空缺职位都是通过招聘网在全美或全球公开发布，经"海选"后，少数几位通过校园面试，最终人选最后再确定。通常校长由校董事会任命，对董事会负责，拥有管理和指导学校一切事务的权利以及董事会所赋予的其他权利和义务。同时，校长可以书面形式将其权利、义务委托给适当人选，并明确其所托之权利、义务的行使条件。副校长的权利和职责在校长的建议下由董事会任命。副校长对校长负责，向校长报告。大学各学院院长一般也是经由校长任命，系主任由学院院长任命。

然而，美国高校行政管理岗位人选除了公开招聘之外，相当一部分是通过内部招聘产生的，而其中自我提名占相当大的比重。比如我所在的大学，这些岗位的空缺职位都是通过校园的招聘网公开发布的，与此同时，也通过校园的电子邮件系统发到每一位教职员工邮箱，其中有些职位允许校外人员申请，而有些则仅限于校内人员申请。

比如，某个月，我曾收到了数十封招聘邮件。招聘的岗位有：全球项目海外协调人、通讯联络部主任、农艺学院副主任等。其中，农艺学院副主任的岗位明确只招聘校内人员。

行政岗位空缺通过校内公开招聘，应聘者可以根据所列的条件"自我提名"申请应聘，有机会获取这样的职位。校内其他一些"自愿服务性"岗位人选，也有相当多是通过"自我提名"获得的。比如近几年我曾经历过的两项校内服务性职位的"自我提名"申请。当时申请校级的多元文化协调委员会的职位时，本系就有两位老师提出申请，但只有一个名额。于是该委员会主席分别与两位候选人面试交谈，最后确认一位参与此委员会。此外，学校的教师参议院委员，也是通过"自我提名"的过程后，在系务会议上表决通过，正式上报批准。

不仅一般的行政岗位和自愿服务性岗位可以通过公开招聘和自我提名机制获得，系主任，甚至学院副院长等职位也可以通过"自我提名"申请获得。这里仅举一例：某一年上半年，我所在的文理学院招聘一位负责学生工作的副院长，招聘信息在校园招聘网上公开发布。发布的信息中明确此项职务的要求以及待遇（补贴 5 000 美元，以及每学期减除一门课程等）。在类似这样的公开发布的招聘广告中，有关年龄、性别、种族、宗教、党派等的条件限制绝对禁止出现。行政职位的招聘还必须明确规定是100%（全职）的行政职位，或50%（半职）的行政职位等。

通常招聘委员会在收到应聘者的申请材料后，会在筛选后确定几位候选人，并举办公开评议会议，收集反馈意见或教师评议材料。为了解这一过程，本人实地参与考察了一次副院长职位公开评议会议。当时，我收到的是何时何地召开公开评议会的电子邮件通知以及候选人冈萨雷斯博士的个人简历。同时，在另一份同样内容的邮件中，则有另一位应聘者的信息以及公开评议会议时间地点等相继发布。

这些公开评议会议的通知发到全院教师的邮箱，照例欢迎大家参加与候选人的见面会并听取候选人的求职报告。公开评议会议通常在一小时内完成。参与者每人有一份表格需要填写，根据候选人对所应聘职位的求职申请和计划来决定意见并投票。当时我参与了两位候选人的公开评议会议，最后选择了一位我认为合格的人选冈萨雷斯博士。虽然他进校仅两年多，但年轻有活力；虽然他还只是助理教授，但符合从事学生工作的要求。而另一位年高气盛,在本校工作有多年,而且已是副教授,不太适合从事学生工作。数周后,学院公布了副院长的人选名单,果然是我选择的那位人选。为此我还特地向冈萨雷斯博士发了贺信。

至此,副院长的公开招聘和"自我提名"获取此职位的程序宣告完成。可见,"自我提名"是在公开征聘情况下通过应聘者的积极参与和自我推荐而体现出来的。其过程与美国高校师资招聘接近,只不过前者仅限于校内应聘者。其基本程序如下:

(1)校内公开发布招聘信息,包括相关的具体要求和待遇;

(2)自我提名,递交材料,征集应聘者申报;

(3)由招聘委员会审议申请材料,筛选应聘者,确定候选人;

(4)举办公开评议会议,收集反馈意见;

(5)由招聘委员会或执行长官确定候选人并上报,最后由负责招聘的主管决定人选。

"自我提名"在中文成语中可以说成是"毛遂自荐"。它是相对于"他人提名"而言的。美国高校管理中的"自我提名"可以体现在许多场合,比如年度表现奖中的"自我提名",专业委员会成员组成中的"自我提名",以及行政官员产生中的"自我提名"等。美国大学校园行政官员获取中的"自我提名"机制,体现了以下几方面意义:

首先,"自我提名"机制体现了对个人的尊重,符合美国的核心价值观"个人主义"的精神,以及"凡人皆平等"的理念。公开、公平、公正,鼓励个人奋斗,保护个人发展,尊重个人实现,包容多样性,这些正是"以人为本"精神的基本内容。

其次,"自我提名"机制体现了候选人的主动追求的心态以及较高的自我评估和自尊。通常"自我提名"者,必须要有竞争的心态和积极进取的精神,这是由于应聘者通常都是在公开征聘情况下以积极参与和自我推荐的方式应聘的。通过竞选的程序来检验竞争者的各项能力,以确保应聘者具备可能承担的职位所需要的才能。

再次,"自我提名"也是校园民主管理机制的组成部分。"自我提名"是民主程序的一种文化特质,是民主制度的最基本、最低层次的特质。没有"自我提名",也就无从谈及民主选举、民主评议等文化丛,更谈不上民主作为制度性的民主形态了。制度的文化基因可以概括为:自我激励、尊重个人、公平公开、程序民主。在某种程度上,高校的"自我提名"机制又折射出社会整体的民主平等的政治生态状况。

"自我提名"机制也具有理论上的支持。比如ERG理论是美国耶鲁大学的克雷顿·埃尔德弗(Clayton Alderfer)提出的人本主义需求理论。埃尔德弗在马斯洛需求层次理论的基础上概括、改进,提出了生存需要、相互关系需要和成长发展需要三大人类的核心需要。"自我提名"正符合个人的成长发展需要。又比如综合激励模式理论提出了"参与激励",即建立由员工参与管理、提出合理化建议的制度,提高员工主人翁参与意识。再比如"自我激励"理论认为,"自我激励"对组织而言,是激励开发管理的最高境界;对员工个人来讲,促使个人从消极被动的执行者转换为积极主动的进取者,是个人成长与发展的最佳状态。

"自我提名"机制是程序民主的一部分,而程序民主与实质民主是高校民主治校相辅相成的两个方面,二者缺一不可。程序民主是相对于实质民主而言的,实质民主即是指"凡人皆平等",按多数人的意志决定有关事项。总而言之,只有确保程序民主和实质民主的共同实现,才是高校文明建设与发展的关键所在。

概念提要

▶ 自我提名（Self-Nomination）

自我提名是指个人在没有外部推举或推荐的情况下，自主决定申请某个职位、奖项或参与某个项目的一种行为。在职场和学术领域，自我提名意味着个人通过自己的努力和自信，主动表达对某个机会的兴趣。这种机制鼓励个人展现自我，追求职业或学术发展的机会。

举例：在美国大学中，自我提名常用于行政岗位或委员会成员的选拔过程中，个人可以根据岗位要求自荐，并通过提交申请材料、参加面试等步骤来竞争职位。

意义：自我提名机制体现了个人主动性和自主性的价值，鼓励了积极竞争和公平竞争，提升了个体在组织内的参与感和责任感。

▶ 自我激励（Self Motivation）

自我激励是指个体在没有外部激励或压力的情况下，通过内在的驱动力和自我设定的目标，主动追求个人成长和成就的一种行为。自我激励强调个体通过自我反省和自我鼓励，持续推动自己向前发展和实现目标。

举例：在职场中，自我激励的员工通常会主动学习新技能，寻求更多的责任和机会，而不需要依赖外部的奖励或监督。

意义：自我激励是个体成长和发展的关键动力，它促使人们超越自我，积极面对挑战和困难，并不断追求更高的成就和目标。

▶ **内部招聘**（Internal Posting）

内部招聘是指企业或机构在有职位空缺时，优先在组织内部发布招聘信息，鼓励现有员工申请或推荐合适的候选人。内部招聘通常通过企业的内部网络或公告系统发布信息，并限制申请人范围为现有在职员工。

举例：一家公司在寻找新的项目经理时，首先通过内部招聘公告让现有员工了解机会，并允许他们自荐或推荐其他员工来申请这一职位。

意义：内部招聘有助于员工职业发展和内部人才流动，提升员工忠诚度和满意度，同时也可以节省招聘成本和时间，并可以利用现有员工的经验和技能。

▶ **程序民主**（Procedural Democracy）

程序民主是一种通过正式程序和规则来确保决策过程公正和透明的民主形式。在程序民主下，所有的参与者都有平等的机会参与决策过程，决策的结果由明确的规则和程序来决定，通常包括投票、听证和公开讨论等环节。

举例：大学在选拔系主任时，通过公开的提名和面试程序，所有符合条件的候选人都有平等的机会参与竞争，最终的决定由投票和评审委员会讨论后确定。

意义：程序民主保障了决策过程的公平性和透明度，防止了暗箱操作和权力滥用，维护了组织内的民主秩序和公信力。同时，它鼓励广泛的参与和监督，增强了决策的合法性和接受度。

美国大学"助教制度"是如何实操的?

> **本篇概要**
>
> 本文探讨了美国大学的助教制度,以及其与中国高校的助教职称存在的显著差异。在美国,助教主要由研究生担任,负责协助教授进行教学和作业批改,并不属于正式教师职称体系。通常因为教授们科研和指导研究生的任务繁重,本科生的课程教学更多地依赖助教的参与。
>
> 在美国高校,助教的选择和考核非常严格,因为助教在教学中扮演着重要角色,直接影响教学质量。助教的工作不仅包括批改作业,有时还要负责小班授课和讨论,这使得他们必须具备良好的教学能力和语言技能。特别是对于留学生来说,助教职位通常伴随着奖学金,是维持学习和生活的重要经济来源。担任助教对留学生来说,能够带来免学费和提供生活费的经济利益,同时也提供了宝贵的教学经验,有助于他们未来的职业发展。然而,获得助教职位并非易事,留学生必须通过严格的语言测试和助教培训,以确保自己具备相应的教学能力。作者还分享了个人作为助教的经历,强调助教工作对教学能力和语言表达的锻炼价值。尽管存在语言障碍和文化差异,助教工作提供了宝贵的教学经验和与学生互动的机会,能帮助留学生更好地融入美国的学术环境。

总之，美国大学的助教制度不仅是研究生的重要收入来源，也是他们积累教学经验的重要途径，而这种经历在中国学生眼中是极具吸引力和价值的。

美国大学的助教和国内高校的助教是完全不同的概念。在国内，助教通常是大学教师职称系列中最低的职称。然而，在美国大学，助教（Teaching Assistant，简称TA）则通常由研究生担任，不属于正式教师，只是协助教师上课而已；而教师职称系列的最低职称是助理教授（Assistant Professor），属于教授系列编制，一般也列入晋级终身教授的行列。

顾名思义，助教就是协助任课教师的教学工作。助教在美国高校教学中扮演着相当重要的角色，特别在一些名牌大学或偏

美国伊利诺伊大学芝加哥分校（UIC）校园场景

重研究的大学里更是如此。这是由于教授们身负科研重任以及指导研究生的工作，因此对大学本科生开设的不少课程均由助教协助。有些大牌教授其实在课堂里讲学和检查学生作业的时间并不多，而是由助教分担工作。特别是某些课程，如果安排分组教学或讨论，则都由几位助教分别主持，独当一面。这在美国大学里已是见怪不怪的事了。正因为这样，大学对选择和考核助教十分谨慎，因为这会直接影响到学校的教学质量及声誉。

很多中国留学生，在申请美国高校研究生项目以及入学之前，都把学校是否能提供奖学金作为衡量或决定取舍的指标。能否获得奖学金，在某种程度上决定了你是否能在美领馆顺利通过入美签证（特别是在20世纪八九十年代，奖学金常常是获得签证的重要条件之一）。而奖学金其实是支付给你担任助教（或助研）的薪水。因此，对于准备赴美求学的中国学生，全方位地了解助教的好处、资格以及责任等，做到"心中有数"显然相当必要。考察美国大学助教可以从以下的四维（BQRC）"全息图"来展开：

第一维：好处（Benefits）。

助教通常是由所在系或专业的全时研究生担任，是研究生在学期间的兼职，亦是某种形式的"奖学金"。大部分研究生都可以获得全时兼职（20小时/周），也有少数是非全时兼职（即不到20小时/周）。担任助教的好处一方面是可以免学费并获得稳定的生活费，衣食无忧；而另一方面则是可以通过助教工作累积教学经验，为未来毕业后找专业对口的工作做准备。一般美国高校提供给研究生的全时兼职薪水都在每月一千多美元，理科学生助教薪水比文科学生更高。也就是说，只要担任了助教，除了学费全免之外，基本生活也有了保障（也有些高校并不包括免学费一项)。不管怎样,按每月的生活标准,助教这份"奖学金"收入基本能应付吃穿住用,如省吃俭用的话还有些许结余。毫无疑问,它是留学生们极力想要获得的"香饽饽"。绝大多数中国留学生,都盼着能当上助教。因为当上了助教不仅"助学",也是一份工作(凭此可以申请美国的社会保障卡),同时也确实是一份非常好的经历。在20世纪90年代,大部分中国留学生赴美留学时,由于受家庭经济条件限制都需要获得奖学金。因此,某人在被美国高校录取时,学校根据其英语考试成绩和历年学习成绩单记录,都会先考虑安排其担任助教,即提供所谓的奖学金。这样的话,申请签证才能顺利通过。而且,中国留学生到了美国大学之后,在学期开始时就可能开始助教工作。

第二维:资格(Qualifications)。

然而,并非所有留学生到了美国后都能在大学里顺利做上助教。即使已经在学校录取通知书上明确标示已获得"奖学金",留学生到了美国之后,都得通过训练和考核才能正式上岗。一般情况下,外国留学生在新学期开始之前就要考口语和听力。国内的托福成绩再好,到了美国照样要测试你的口语和听力。然后才能决定你是否能成为助教。如果成绩不到,那就要再接受一个阶段的口语和听力训练。学校还专门为那些"预备助教"安排有关助教训练项目。重点介绍和培训如何做好助教,其内容包括介绍学生群体,遵守职业道德,如何处理师生关系,以及强调校园内师生之间避免性骚扰等校纪校规。这样的训练项目一般在开学前几周内举行。训练结束,会下发一大摞助教上岗的相关材料和网页资料,供平时延伸阅读。经过这样的助教专门训练班,包括口语和助教必备的常识训练,通过正式考试合格并获得证书,留学生才可上岗。

第三维：责任（Responsibility）。

助教的工作通常由课程主讲教授确定，有些教授可能只要求助教帮忙批改作业，以减少这些烦琐工作对自己的压力。也有些教授要求助教主持大班课分组教学和讨论。总体上讲，助教的工作量因教授和课程而异。即使主讲教授仅分配一些批改作业的事，但是作为助教，其必须每堂课都在教室里，这样才能掌握课程的主要内容和授课要点，能帮助学生答疑解题，同时也能掌握作业的评分标准。因为学生的作业批改主要是根据学生是否领会课程要点而给分。给分的方法各异，由主讲教授确定，可以是百分制的，也可以是五分制或十分制的。到学期结束时，将平时的分数累积起来，再加上期中或期末的考试分数，最终转换成百分制，并以A、B、C等几档成绩作为学生的最后成绩上报。

大班课的情况下，学生人数超百人，任课教授不可能记住所有学生，因此也不太关注学生平时的课后作业成绩，基本上完全由助教作主。但是期中或期末考试则主要由主讲教授批改给分，或者是主讲教授确定评分标准，由助教初评，然后交由主讲教授最后给分。当然，平时成绩和考试成绩的权数是不同的。平时成绩一般仅占总成绩的三分之一左右。许多中国留学生总希望能被安排类似于批改作业之类的助教工作，处理起来比较轻松，可以避免直接上讲台讲课。但是从获得经验的角度讲，直接上讲台可能更有益处。

第四维：个案（Case）。

本人在美国就读博士期间，做了四年多的助教，可以作为个案供参考。本人的助教经历可以说具有某种程度的代表性，当然也有一些特殊性。在我的助教经历中，大约近一半是上讲台讲课的。这主要是由于主讲教授上的是大课，学生人数较多需要分组。比如，社会学概论课有一百多位学生上课，主讲教授每周讲一次，然后就是分小班由几位助教分别主持，每周两次。助教则主要根据主讲教授的教学大纲以及本周课程布置的内容和材料进行讨论，并适当地做些讲解。同时，还可以就布置的课后作业进行讨论，启发引导。

说起来，我出国前在国内高校已经有十多年的讲台生涯，对课堂里的那些事多少有些底数，因此上讲台本身并不使我担心。但是在美国大学，大学校园文化环境不同，更主要的还是存在语言问题。毕竟英语不是我们的母语，特别是像我这样的中年人，口语基本已经定型，难免带有中国人讲英语的口音，这一短板很难改变。既然做了助教，就不可能仅仅指望批批作业而已，得有上讲台授课的心理准备。在国内大学授课，通常课堂里学生总要在三四十人，甚至更大的班级有上百人之多，要用话筒上课。可学生再多，我们用的是母语，不存在表达上的困难。脑子里想的，可以在口中表达出来。然而现在站在讲台前，面对的是各种肤色的外国学生，要用英语表达想表达的意思，那真是一种挑战，得好好准备一番。

第一次上讲台，对我来说确实是一次考验。那是我担任社会学概论课100号课程的小班讨论课。虽然事先几乎写好了大纲，准备了课件，但总不能照着念吧，因此刚开始有些紧张。只见课堂内大约有二十多名学生，肤色各异，甚至他们的发音也带有很强的地方口音。为了让紧张的情绪放松下来，我照例像在国内上课时先点名。有些学生的名字确实难念，不是念错字母，就是读错音。还好，第一次见面念错名字，学生们很能理解。他们知道我是"外籍助教"，对发音不准毫无怨言。接着，我自我介绍了一番，然后要求每位学生也介绍一下自己。因为100

号的课程属于大学文科基础课，二十多位学生来自不同的专业，甚至不同的科系，因此学生自我介绍这一环节也相当有必要，可以帮助学生们相互了解。几分钟过去，紧张的情绪被驱散了，我似乎感到些许轻松。接着我按部就班地把事先准备好的讲稿提纲一条一条展开。学生们听得还算专心，有时还会莞尔一笑，显然他们能理解我所讲的东西。可是我就怕学生提问，因为他们的口语本身也带有地方口音，提问时，如果稍不注意就可能听错。因此，每当有学生提问，我就走向前靠近学生仔细听，然后重复学生的提问，确定问题后，再给予回答。一堂课总算过去了，紧张的心情一下放松了，我也算有了一个满意的开始。

除了批改作业、主持小班讨论课之外，助教也必须和教授一样有每周的"办公室时间"，也就是给出固定时间，使学生可以在这段时间到办公室提问题或讨论疑点。学生如有问题可以在规定的办公时间内找助教，助教必须放下手头的一切与他们交谈，解答问题。实际上这也是一个非常好的接触学生、了解学生各方面情况的机会。在美国大学当助教，给予我的不仅仅是"助学"，同时还使我积累了一份很好的教学经历。

在我担任助教的第4个学期，任课教授要求我在学期中的某一天，专门讲一堂课，题目任选。于是我考虑了一下应该讲什么。首先，得考虑到讲课的内容应当与课程相关，然后，不能讲一些老生常谈的话题，更不能讲那些主讲教授已经讲过的内容。因此，我选择讲有关"代沟"研究的情况，也就是不同年龄群体的观念和行为变化的情况，当然是以中国为特殊背景。这样的题目符合上述的几点考虑，估计学生肯定有兴趣听。我在出国前曾作过这方面的社会调查，并出过一本叫"观念代差：转型社会的背景"的小册子，材料是现成的，内容也是自己熟悉的。于是我花了一些时间整理了材料，把中文的资料译成英文，并且把有些图表用透明纸打印出来，在上课时可以用投影仪打在幕布上。

讲课的那天，由于事先准备得比较充分，我从头至尾讲得非常连贯，材料也用得恰当，学生的注意力也能被吸引住。按惯例讲课结束时，需要有一份反馈表让学生表达他们听课后的意见。我事先已准备好了，同时还利用这一机会作了一个小调查，总共十个问题。一方面为了了解学生是否理解我的讲课内容，另一方面为了对学生群体现状作一番调查。

把学生所填写的调查表收集起来后，我作了一个简单的统计描述。调查的结果如下：

- 这是一个社会学系的471编号课程，课程名称是"人口社会学"。学生共18位，超过一半的学生是研究生，也包括一些高年级的本科生。
- 学生年龄平均在23.6岁。年龄最大的29岁。
- 学生来自不同的国家和地区，有西班牙学生、韩国学生、中国学生、高加索学生等。
- 此门课程是社会学专业的必修课，但学生也可以有他们自己的选择。他们可以根据自己的时间安排来确定是否在这一学期学这门课。因此，选这门课的学生80%是社会学专业的学生（作为必修课），也有社会工作专业的（作为选修课），还有非学位的学生（即只是进修，而不是为获得学位而上此门课）。
- 当问及选择这门课的主要原因这一问题时（开放式问题），学生的回答各异，有的说是"有兴趣"；有的说是"完成必修课"；也有的说"这门课介绍美国以及全世界有关人口的相关知识"，所以选择此课；还有的干脆说就是"对定量分析有兴趣"，因为人口社会学讲了许多定量研究的方法和例子。

- 学生大部分是住宿在校园附近的,因此不需要每天搭乘班车来校上课,但也有近20%的学生必须乘公共汽车或地铁来学校上课。

- 在问到是否来自芝加哥市区时,近一半的学生说不是,而是外州转来就读的。可见伊利诺伊大学作为州立大学还是有相当的吸引力的,其中很大一部分原因是学校的学费相对比较低,比一般的私立学校大约低一半。另一部分原因或许是这些学生在就读的同时,可以在城市内找到打工的机会。

- 尽管学费低廉,但不少学生除了读书之外,还在校外兼职打工。调查显示,这个班级的同学大约三分之一都在校外打工,其中有些每周打工时间超过20个小时。不少学生自己有小汽车,下课后马上驱车直奔打工地点,有时路上可能有近一个小时的路程。对这些学生来讲是比较劳累的,但是他们从中不仅能赚到钱,同时也习得了社会经验,这对他们毕业后迅速适应社会和工作环境是有好处的。

这种课堂小调查虽不属于随机抽样,样本很小,但也从一个侧面反映了学生群体的情况:多种族群和多元文化。调查结果从一个侧面补充和印证了伊州大学的"助教手册"中所描写的大学生群体整体形象和相关统计数据(2000年资料):

- 伊利诺伊大学芝加哥分校(UIC)是芝加哥市区最大的大学。位于芝加哥市靠近密泽安湖的西部边缘,UIC是芝加哥重要的教育、科技和文化中心。

- 整个伊利诺伊大学芝加哥分校有近两万五千名大学生,包括本科生和研究生。

- 学生来自世界各地,其中亚洲人占24%左右,西班牙裔占16%,黑人占9%。

- 师生比是13比1，也就是说13个学生有一个老师。平均班组是29人。
- 学校设有88个学士学位专业，86个硕士学位专业，和58个博士学位专业。
- 在芝加哥的57个成人中就有一人是UIC毕业的，10个大学毕业生中就有一人是从UIC毕业的，六个伊利诺伊州医师中就有一人是从UIC毕业的，而且UIC的医学院毕业生在全美国其他各州都可以找到。此外，UIC又是芝加哥公立学校教师的一个主要来源。
- UIC全校的年均预算总计为11亿美元。其中来自州政府的大约30%，其余来自不同的渠道，比如政府基金与合同、机构基金、学校赢利以及私人赞助等。

调查的最后一个问题（开放题）是："对于这次讲座的评价是什么？"学生的回答各异，如"提供的信息很多"，"准备比较充分"，"比较有兴趣，但需要解释得更具体些"，"很有趣的讲座，已经引起我对年龄对于价值观的影响的关注"，"比较好的使用图表来表示某些概念，使学生容易理解"。一堂讲座，获得了这样的正面评价，确实使我深受鼓舞。助教的经历使我有机会利用课堂来锻炼自己的表达能力，同时也给了我不少接触学生的良好机会。

概念提要

▶ 奖学金（Scholarship）

奖学金是一种非还款性的经济援助，用于帮助学生支付教育费用。奖学金通常基于学术成就、体育能力、艺术才华或其他特定条件，如经济需要或特定背景。它们可以由政府、学校、企业、慈善机构或其他组织提供。奖学金不仅减轻了学生的经济负担，还可以激励他们在学术和其他领域追求卓越。

▶ 学费减免（Tuition Waiver）

学费减免是指学校或教育机构部分或全额减免学生的学费，以降低其教育成本。这通常用于奖励学术表现优秀或符合特定条件的学生，如家庭经济困难、在职员工或具备特定背景的学生。学费减免可以减少学生的经济压力，使他们能够更专注于学习和其他学术活动。

▶ 社会保障卡（Social Security Card）

社会保障卡是由美国社会保障局（Social Security Administration, SSA）发放的一种身份识别卡，持卡人拥有一个唯一的社会保障号码（Social Security Number, SSN）。该号码用于追踪个人的工作收入和社会保障福利。它在美国生活中具有重要意义，通常在申请工作、开设银行账户、申请贷款和获得医疗保险时需要提供社会保障号码。

▶ 办公时间（Office Hours）

办公时间是指教授或教师在固定时间段内办公室开放的时间，学生可以在此期间前往咨询学术问题、讨论课程内容或寻求指导。办公时间为学生提供了与教师一对一交流的机会，有助于解决课堂上未能解决的问题，并提供个性化的学术支持。这是一种有效的教学辅助方式，增强了师生之间的互动和联系。

州立大学校长是如何产生和行使其职权的？

本篇概要

丹·琼斯博士是美国南部一所历史悠久的大型综合性州立大学的校长，该校拥有13 000名学生和多种学科门类。每年春秋两季开学前，琼斯博士都会主持全校教师大会，介绍新学期的工作计划和新教师，并在开学典礼上与教师们一起欢迎新生入学。毕业典礼上，他亲自授予每位学生学位证书，彰显对毕业生的重视。

琼斯博士是2008年通过全国遴选成为校长的，他曾在多所大学担任过院长、副校长等职务，并在英语领域有较高的学术成就。作为一位亲民的校长，他与师生保持密切联系，经常参与校园活动，并在社交媒体上分享个人生活。

他坚持诚信、创新、想象力的治校理念，致力于为学生、教师和员工提供高质量的学习机会和支持。他的愿景是营造一个鼓励卓越、促进个人和社区发展的校园环境。琼斯博士的领导风格反映了美国大学校长的角色和职责，即通过广泛的咨询和严格的规章制度管理学校，推动学校发展。

丹·琼斯博士（Dr. Dan Jones）是美国南部一所传统的大型综合大学的校长。说它大型是因为这所大学拥有包括在读博士、硕士、学士在内的 13 000 名学生；说它综合性是因为这所大学具有文史哲数理化等多种类系科；说它传统是因为这所大学创建于 1889 年。

每年春秋两季开学前一周的全校教师大会由校长亲自主持，并请教务长、分管学生的副校长、分管预算和基建的副校长上台，向每位教师介绍新学期的工作计划、主要方向、预算、基建、新生入学比例，同时也为大家介绍每一位新入职的教师等。

每年春秋两季新生入学的第一天，在新生排队走进大礼堂开始他们的新学期开学典礼前，校长要求每位教师举着小旗在通往礼堂的路两边夹道欢迎新生，同时伴有乐队演奏，给学生开学第一天的亲切感，促进师生之间的融洽关系。校长本人与其夫人也在教师队伍中欢迎新生。

每年春秋两季学生毕业时，由于毕业学生人数众多，毕业典礼往往分批举行，目的是让每一位毕业生都有与校长握手的机会。校长本人亲自授予每一位毕业生学位证书并与其合影留念。大学生毕业典礼之隆重，足以给这些莘莘学子的人生留下深刻印象。

每年秋季学期结束，一年一度的圣诞节来临之际，校长会举办"校长节日招待"活动，通常伴有自助餐和抽奖活动，并表彰优秀教职员工。那天，通常大多数教职员工都会参与，并盼望着有机会中奖（我本人已中过两次奖）。校长和其夫人会站在会场门口，与到会的每一位教职员工握手，然后让其随手拿一张对号券。招待会分"三部曲"，首场是各自在食品柜台挑选自己喜欢的食物，围桌边吃边聊；然后是各部门表彰一年来的先进，校长

丹·琼斯校长在毕业典礼上为毕业生颁发证书

丹·琼斯校长在"校长节日招待"活动中

授予证书并合影等;最后是抽奖,由校长夫人(有时是校长的女儿)在摇号箱里随机抽取一个号码,交给校长,由校长亲自主持报号。持中奖号码者上台领取奖品。奖品十分丰富,大到48英寸彩电、平板电脑，小到一只火鸡或一张购物礼品卡。"校长节日招待"的经费当然由校长专项经费提供（其中有一些奖品是一年来校长所收到的礼品）。

丹·琼斯博士是通过遴选而当选为校长的。2008年，老校长基思·麦克法兰（Keith D. McFarland）任期已快到十年了。老校长退休前，学校组成了一个遴选委员会在全美范围内招聘新校长，根据全美几十位应聘者的履历筛选合适的人选，最后把前三位应聘者邀请到学校面试。当时，我也参加了那天的面试报告会。面试会首先听应聘者讲述一番治校理念、个人经历，以及治理目标等。然后由参与面试会的教师提问，由应聘者回答。我当时提了一个有关"教育全球化"的问题，对方作了令我比较满意的答复。显然他对全球化很感兴趣。然后，由各位参加面试会的老师填写表格和反馈意见，最后把所有材料送交遴选委员会。遴选委员会汇总所有材料后交由校董事会投票决定。一旦由校董会通过任命，应聘者就成了这所大学的新校长，即大学的最高权力的代表和执行者，或称CEO。丹·琼斯博士就是这样自2008年起担任校长一职的。

丹·琼斯校长是一位有着丰富的大学管理经验的管理者。他从1985年到2002年，曾在美国南部的一所大学担任大学学院院长、分管学生事务的临时院长、人文和社会科学学院副院长、英语系的代理主席等职。此后直到2008年任本校校长前，他还曾在其他学校担任过大学教务长，以及负责学术事务的副校长。他的专业是英语，因此他也是一位英语教授。

按当时标准，校长的年薪是26万美元左右。后来随着学校的规模扩大、学生人数的增加，校长年薪在几年之后达到32万美元（在美国，公务人员的年薪都可以在网上免费查询）。按学校传统,为了便于工作,校长被安排住在学校提供的离校园仅几分钟车程的闹中取静的校长屋(President's House)。校长屋前的大草坪,有足够接纳上百人烧烤的室外活动场地,和可以同时停放几十辆小汽车的车道,也时常被校长用作召集室外活动的场所。记得我曾参加过两次在校长屋举办的活动。一次是当年获终身教职的所有教师的恳谈会,还有一次是中国学生会组织的活动,就在校长屋前大草坪上举办,中国学生还可以参观校长的住所。

丹·琼斯是一位亲民的校长。记得有一年的春季开学典礼,典礼结束后正是午餐时间,教授们各自前往学校周围的餐馆,或三五成群聚餐。刚才还在台上主持大会的校长,独自一人出现在餐厅的排队人群中。我看他点了外带食品,且周围并无一人陪伴。然而,这里的教授们对此都觉得习以为常。

丹·琼斯校长和普通老师一样,也有社交平台账号。校长也常常把他的有趣的假日活动,与家人团聚的照片放到社交平台上,与大家分享快乐,这体现了他性格的多面性和幽默感。

平时在校园里偶然碰到,他都叫得出我的名字,会微笑地与我打招呼。那年我出版了一本新书 *Global Connectivity and Local Transformation*,在学校的快报报道后,校长第一时间写了一张贺卡,发送到我的邮箱,祝贺我获得学术上的成绩。一年一度的生日,我会在系办公室的信箱里收到他照例发来的贺卡(据说每位已获终身教职的教师都能收到)。那几年,我曾分别获得一项教学成果奖和一项科研奖,每次都由校长本人亲自授予奖牌并与我合影,充分体现出校长对每一位教师的尊重。

在美国,校长的办公室最能体现最高管理者的地位和尊严,也是学校权力机构的象征。校长办公室由许多套间组成,最靠近门

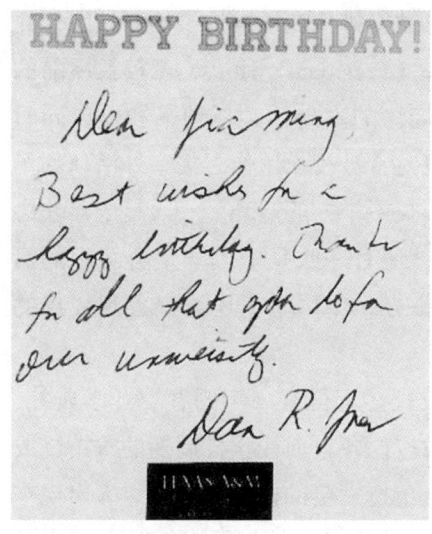

丹·琼斯校长送给作者的生日贺卡

口的是校长日常事务主管的办公室，侧旁则有一些职能部门负责人的办公室；而他本人的办公室在最里面，既宽大，又典雅。

隔着一个过道，那是一个可以容纳20—30人的校长会议室。会议室一侧的墙壁上陈列着所有校长包括在任校长及其夫人的标准照。以示对以往和现任领导的尊敬以及感谢他们对学校发展的贡献。平时，校长会议室也作为教授参议院（Faculty Senate）开会的场所。作为已经是第二任的教师参议员（每任三年），我每个月都要到此参加会议。

记得当年老校长基思·麦克法兰博士退休离任时，新任校长丹·琼斯为他举办了盛大的纪念活动并赠送礼物。校长邀请了全校教师参与并提供了一顿丰盛的晚餐。几年后的2013年3月22日，学校新建的科学大楼落成，并用老校长基思·麦克法兰博士的名字为这幢科学大楼命名：Keith D. McFarland Science Building，以此表彰麦克法兰校长领导期间取得的在校园设施扩建、学术计划增长等方面的成就。这是给予老校长基思·麦克法兰博士的最高的终身荣誉。

在美国，大学校长由董事会聘任，对董事会负责。因此拥有

给予老校长基思·麦克法兰博士以最高的终身荣誉：用他的名字为新建的科学楼命名

管理和指导学校一切事务的权利以及董事会所赋予的其他权利和义务。美国的校长，英文中称为 President，这个词通常指总统，同样，校长就是校园内的最高长官。除了制度制约，不存在另外一个类似的制约部门。美国的大学校园里不允许谈论政治和宗教。甚至明文规定办公室的设备和电话不能用来为政治或宗教的目的服务。

大学校长虽是学校的象征，但很多决策并不需要校长来决定，各行政职能部门或学院在其职权范围内行使各自的权力，不需要揣摩校长的心思，更不必征求校长同意或审批，可以按规定自行决策并执行。校长可以书面形式将其权利、义务委托给适当人选，并明确其所托之权利、义务的行使条件。可任命和增设副校长，并明确其权利和职责，只需在校长的建议下由董事会任命即可。副校长对校长负责，向校长报告。大学各学院院长一般都由校长聘任，系主任由学院院长聘任。丹·琼斯任校长后，已换了两任副校长，增设了一名副校长，并改换各院院长等。

美国大学体系里有许多规范条例，事无巨细都规定得清清楚楚。所有法规条例都有编码，并可及时修改补充。学校行政以法规条例至上，而且严格执行。因此，每位教师常年收到有关"应知应会"的培训安排，一般都在网上进行，并在网上通过考核、获得证书。针对各个部门行政长官也有相应条例，包括回避制度等。比如教师晋升、获终身教职等，都由各系、院所组成的临时选举委员会投票决定，系主任和院长不参与投票，而只是根据投票结果写推荐信。如果有人与选举委员会的意见不一致，或"一票否决"，则需要列出理由，并以书面形式通知候选人，而候选人如对此不服，则拥有上诉的权利。这已经成为例行制度，因此不存在任何争议。

校长的许多决策可通过不同的职能部门提供方案，同时由院长委员会和教授参议会广泛征求意见和讨论，然后公布执行。因此，平时能体验到校长的职能的是他发给全校教师的电子邮件（当然此职能由校长办公室行使，电子邮件不需要通过学院和系所转发）。其中有不少是相关条例的制定、修改、颁布。这些条例大到教师的福利待遇、教师晋升，小到加班补贴等都有所涉及。

根据美国州政府的教育法案规定，大学校长是大学的最高行政长官，拥有大学事务的管理与决策权。大学校长是学校发展战略、各项重大事务、教学管理、学科建设、科学研究等工作的执行者。因此，校长是大学内外重要关系的协调者，是大学战略发展的创新者，是大学运作资金的主要筹集者。

从丹·琼斯校长的主页所列的各项内容可以大致了解其主要的工作重点:
- 校长传记
- 校长和校办人员
- 教授参议院
- 预算审查和发展理事会
- 策略招生管理委员会
- 发表的讲话和演说
- 社区事务更新
- 荣誉校友杂志
- 山姆·雷伯恩
- 文件和报告
- 生活、学习和工作氛围调查

其中提到了山姆·雷伯恩（Sam Rayburn），这里稍加说明。山姆·雷伯恩是本校的一位校友。毕业后曾长期担任得克萨斯国会第四选区工作，后被选任美国国会众议院议长。他也是本校早年的创建者之一，于1961年去世。学校在新建学生活动中心时，特意在活动中心门前树立了山姆·雷伯恩雕像，专门用来纪念这位杰出的校友。

美国的大学校长都有各自的治校理念、大学愿景、指导原则。

丹·琼斯校长的治校理念:
- Integrity　诚信
- Innovation　创新
- Imagination　想象力

丹·琼斯校长的大学愿景:

曾任美国国会众议院议长的校友山姆·雷伯恩雕像

• 本大学将通过现有的和新的计划为学生、教师和员工对设定高期望和目标提供传统和非传统的学习机会；

• 本大学将通过培育良好的环境为所有个人提供一种社区意识，最大限度地满足学习、事业和个人发展的需要；

• 本大学将成为学生、教师、职员，以及社区共同从事和追求卓越的一个场所。

丹·琼斯校长的指导原则：多样性、服务导向、学生本位、优化管理、全球准备、学术造诣、有效沟通。

丹·琼斯校长是这所大学的最高执行长官，也是这所大学的灵魂。他凭借着自己的理念治校，并以他的职业道德贯穿于他的行政过程，这所学校的一切也体现了他的价值。而这一切又必须在一个良好的制度设计和优化的"行政生态"环境中才能成为可能。

概念提要

▶ **全校教师大会（Assembly）**

全校教师大会是一种由校长或校方高层主持的正式会议，主要在新学期开始前或其他重要时间节点召开，旨在汇集所有教师和相关职员。会议的内容通常包括新学期或新年度的工作计划介绍、政策和方向更新、财务预算讨论、新教师介绍等。这类会议不仅是校方传达信息的重要平台，也为教师之间的交流和协作提供了机会。

▶ **校长节日招待（President's Holiday Reception）**

校长节日招待是一种由大学校长主办的年度庆祝活动，通常在重要节日如圣诞节期间举行。活动的形式多为自助餐、社交聚会和抽奖等，旨在感谢和表彰教职员工的辛勤工作和贡献。校长和其家人通常会亲自迎接与会者，并进行一些正式和非正式的互动，以增强校园社区的凝聚力和归属感。

▶ **教授参议院（Faculty Senate）**

教授参议院是大学内部的一个重要治理机构，由学校的教授代表组成。其主要职能是参与学校的决策过程，特别是在学术事务、政策制定、教育质量提升和教师福利等方面。教授参议院通常有权审议和建议校方的各种决策，是教师参与学校治理、表达意见和维护权益的重要平台。

▶ **大学愿景（University Vision）**

大学愿景是指大学对未来发展的长期规划和理想状态的描

述。它反映了学校对其使命、目标和核心价值观的理解和追求。大学愿景通常包括对教育质量的追求、研究成果的期望、社会影响力的提升以及对学生、教师和社区的支持和贡献。它为学校的战略决策提供了方向和指导，激励全体成员共同努力实现学校的长远目标。

校园"下半旗"的制度设计是如何实施的？

> **本篇概要**
>
> 本文通过校园下半旗事件，阐述了美国社会的"凡人皆平等"理念。事件起因于一名19岁的大学生戴维·卡尔文因车祸去世，校方为此发出通知并下半旗致哀。文章指出，在美国，下半旗不仅限于国家重要人物去世的情况，也适用于普通民众，这体现了对每个生命的尊重和人格平等的理念。下半旗的习俗起源于1612年一艘英国船只为遇难船长下半旗的哀悼传统，这一做法后来逐渐被社会广泛接受。美国大学普遍为逝者下半旗，并在校规中明确规定，这种做法已成为高校文化的重要部分，反映了"等权格局"理念，即在社会中追求平等和个人主义。文章还指出，美国社会通过强调个人尊严、道德和法制，展示了其核心价值观的魅力。尽管美国社会并不完美，但其"凡人皆平等"的理念对世界产生了深远影响，体现了对个人和人权的高度重视。

最近收到学校发的电子邮件中这样写道："2016年11月4日，学校将下半旗，以纪念学生戴维·卡尔文，该学生于2016年10月28日去世。"并附上了其讣闻的链接网址。

在美国，总统可以发布行政命令要求全国下半旗，以表示尊重并悼念那些为美国政府工作的和其他重要人士的去世。届时，全美所有联邦政府的建筑物、办公室、全美公立学校和军事基地等都必须同时悬挂半旗。而在美国的大学校园，常常也会收到校长办公室通过学校的电子邮件系统发出的下半旗的讣告。无论是该校的教授、员工，还是学生，甚至退休教师因故不幸离世，校长办公室都会照例发送相关邮件。这似乎已经成为美国高校约定俗成的制度，也构成了其校园文化的一部分。看似平凡的小事，其意义却非常深远。

首先，它体现了对人的生命的尊重。据了解，上述讣告中的那位大学生年仅19岁，因为在高速公路上出车祸于一周前去世。事发当天，当地的报纸也刊登了此消息。按理，该学生车祸死亡，学校毫无责任，甚至不必在全校范围内发送电子邮件告知。但作为学校的一名学生，一条年轻生命的终止，同样应该受到尊重。

其次，它彰显了人格平等的理念。即无论何种社会地位的人，在人格上是平等的。"凡人皆平等"，应该一视同仁。与美国总统发布下半旗的意义一致，即向死者致哀悼念。因此，无论是总统、议员、学校校长、教授，还是普通学生，都有同样的"下半旗"的待遇。

下半旗致哀，相传是1612年在一艘名叫"哈兹·伊斯"号的英国轮船首创的。"哈兹·伊斯"号在北美洲北海岸探寻通向太平洋的水道时，船长不幸遇难。为了表示对船长的敬意与哀悼，船员提议下半旗致哀。后来，这种致哀方式被别的船只效法而逐渐在海员中流行。由于该致哀方式很庄重，又简便易行，便逐渐流传到大陆上。

据了解，在美国的大学校园为亡故者下半旗是较为普遍的做法，相关新闻也常常见诸报端。而且，不少美国的高校都有这方面的成文规定。比如加州大学洛杉矶分校（UCLA）的校规中就规定了下半旗的基本要求。

该条文规定允许为该校任何教职员工、学生组织成员以及其他亡故者下半旗，对他们的去世表示哀悼。并且把每个月的第一个星期四和星期五保留出来，专门用于哀悼上个月去世的人。可见，在美国校园下半旗为本校教职员工和学生致哀并非个案，而是一种模式。那么，为什么美国高校如此重视对亡故者致哀的下半旗仪式？这种现象背后根本的核心理念是什么？

毫无疑问，美国在1776年《独立宣言》中，就已经提到"凡人皆平等"的理念。其原文是"all men are created equal"，可直译为"所有人都是被平等地创造出来的"。直到法国大革命时期，《人权和公民权宣言》（1789年）才将"创造"改为"出生"。平等指的是人格，不是人的各种自然属性。平等在社会实践中的应用就是凡人皆拥有平等的政治权利、法律权利和义务，它是现代社会的主流理念。

然而，"凡人皆平等"理念的核心价值观则归因于"个人主义"，它是美国价值观的核心，在美国的文化思想中占有举足轻重的地位，甚至对美国历史的发展道路及其方向起着决定性的作用。"个人主义"作为一种思想体系及其理论，也是西方的一种政治哲学和社会哲学。其主要原则是：维护个人尊严，强调个人利益，鼓励个人奋斗。由此产生了一系列的内容，包括：强调人是价值的主体，尊重个人的自我选择权利，高度重视个人的自我支配、自我控制、自我发展等。"个人主义"是以个人为本位的人生哲学，强调个人进步在于自己的艰辛努力和不息奋斗，也是自我价值实现的主要标志。在美国社会中类似于权利

（Rights）、公平（Fairness）、正义（Justice）、诚信（Integrity）、尊严（Dignity）等词语都是常用的且分量很重的词语，也都与"个人主义"相关联。因此，对"个人主义"的分析和理解有利于深化对当代美国社会的了解。

与"个人主义"哲学理念相伴的或衍生的就是"社会平等"，换句话说，只有依赖相对平等的社会关系，才能保障人们对"个人主义"理念的追求和实现。个人利益也只有在人权平等的条件下才有可能最大限度地实现。因此，美国社会制度是以尊重个人为前提的，并以此作为衡量行事作为的根本尺度。"个人主义"文化所包含的自由与平等原则决定了要在社会中达成人与人之间的合作，其唯一的方式是平等立约及其相应的法制条件。这样的制度设计要以人为本，尊重个人，保护个人自由，为个人创造平等机会。概括起来讲，即一种"等权格局"。

与"等权格局"相对应的则是"差序格局"。"差序格局"一词是社会学家费孝通先生提出的。对这一概念的大众化解释是"旨在描述亲疏远近的人际格局，如同水面上泛开的涟晕一般，由自己延伸开去，一圈一圈，按离自己距离的远近来划分亲疏"。其实这样定义只是一种表面的或片面的解释。即便是费孝通先生自己对"差序格局"概念有过类似接近的表述，其深层意义其实仍远不止此。

首先，费孝通先生"差序格局"的定义之要点不在"自己为中心"。实际上，在传统的中国乡土社会中，最基本的社会单位是家庭而非个人。因此"差序格局"并不可能以某个人自己为中心，而至少以家庭为中心；所推及的也不是他人，而是家庭乃至整体。

其次，费孝通先生在社区研究的基础上从宏观角度探讨中国社会结构，分别从乡村社区、文化传递、家族制度、道德观念、权力结构、社会规范、社会变迁等各方面分析、解剖了中国乡土社会的结构及基本特点。因此，他提出"差序格局"意在对中国社会的宗法制、官本位文化中的等级次序和尊卑高低进行概括。中国传统文化中的等级观念认为，人是有等级的而非平等的，所谓"天有十日，人有十等"（《左传·昭公七年》）。比如，传统文化中"刑不上大夫，礼不下庶人"；"君要臣亡，臣不得不亡；父要子死，子不得不死"，都是这种等级差别在文化上的反映。又比如，当今社会中常常会碰到的"开会领导排座次""吃饭围桌找方向""拍集体照时排位次"，甚至"出差报销看级别"等，都是这种"差序格局"在现实生活中的体现。因此，"差序格局"所揭示的是一种尊卑有序、级第分明的文化现象和等级制度。这种制度把所有人或团体分成各个等级，各个等级拥有不平等的权力，上层等级权力大，下层等级权力小，这就构成了阶梯状的社会结构。从社会结构来看，由于对群体中的等级的强调，人的主体意识丧失，权利意识和平等观念匮乏，于是很难形成追求正义、公平、权利与自由的理念和行为模式。实质上，"差序格局"作为结构性力量始终影响着中国社会，在市场经济发展的今天，仍然有着不可估量的深层次影响，而且这些影响从某种程度上讲甚至是负面的。从这层意义上理解，费先生的"差序格局"既是一种对中国传统社会的概括，也是一种对现实社会的客观写照。

与"差序格局"不同的"等权格局"，则比较重视社会成员之间相对的平等关系。比如，在美国参加学术年会，台上讲话的人都是参与讨论的发言者。举办招待会，也通常类似鸡尾酒会，大家都站着，各自取自己的一份食品，然后就是社交，很少显示出参与者地位的尊卑高低。又比如，在美国高校教师招聘网站上，不能公开注明以特定的人群，诸如男女、年龄、种族等作为招聘条件，以避免违反联邦反歧视法，保证招聘的公正和公平等。这些都是因为，在美国社会的核心价值是"等权"，其基本意义无疑在于不论社会地位高低，人人平等。因此，从这层意义上讲，大学校园下半旗也正是体现了这种"等权格局"。

美国价值观并不深奥，它的基础是对人的尊重，对道德的信赖，以及强调社会的法制，这是美国文化的基因所在。其社会也存在很多负面现象，其文明状况也许并不理想，但美国价值观的魅力也的确从美国社会的方方面面体现出来。尊重个人，尊重道德，尊重法制，这些都是一个健康社会所必需的素质。可以说，美国社会并非理想完美的社会，但它对世界的影响不会停止，究其根本原因也许正在于"凡人皆平等"的理念。

概念提要

▶ **下半旗（Fly a Flag at Half-Mast）**

下半旗是指将旗帜降低到距离旗杆顶部一定距离的位置，通常为旗杆高度的三分之一至二分之一之间，以此表达哀悼、尊敬或纪念的意图。这种仪式常见于国家或社会重要人物的去世、重大灾难或悲剧事件后。下半旗起源于1612年，当时一艘英国船只在船长去世后，船员将旗帜降到半杆，以示哀悼。现代社会中，下半旗不仅限于国家级事件，也被应用于校园等地方，以表示对逝者的尊重和怀念。

▶ **等权格局（The Pattern of Equal Right）**

等权格局是指一种社会结构和文化理念，强调社会成员之间相对平等的关系。在这种格局下，每个人都享有平等的权利和机会，无论其社会地位如何。等权格局的核心价值观是"凡人皆平等"，即所有人在人格上都是平等的，不存在基于身份、地位或财富的特权或歧视。该理念通常伴随着个人主义文化，强调个人的独立性、尊严和权利。这一理念广泛存在于西方社会，特别是美国，其社会制度和法律框架都建立在平等权利的基础上。

▶ **差序格局**（The Pattern of Difference Sequence）

差序格局是社会学家费孝通提出的一个概念，用于描述中国传统社会中基于亲疏远近关系而形成的社会结构。在这种格局中，社会关系如同水面的涟漪，以家庭或个人为中心向外扩展，层层递进，形成一系列以亲情、血缘、地缘为纽带的关系网络。差序格局强调等级和尊卑，人与人之间的关系和权利是依次序排列的，不平等的权利是社会结构的核心特征。这种社会结构常常导致人们缺乏独立的权利意识和平等观念，形成一种重视集体、强调人际关系的文化氛围。

▶ **等级制度**（Hierarchy）

等级制度是一种社会结构，其中的成员按照权力、地位或经济资源的多寡，形成一个上下分明的阶梯状体系。在这种制度中，不同层级的人拥有不同的权利和义务，上层级拥有更多的权力和资源，而下层级则相对较少。等级制度广泛存在于政治、经济、宗教和社会组织中，体现了权力的集中和资源的分配不均。它强调的是一个人或群体在组织中的地位和权力，而不是个人的平等权利和尊严。等级制度的存在导致社会分层和不平等，常常与社会的权力结构和文化规范密切相关。

大学生"课余打工"惯例是如何自发形成的?

> **本篇概要**
>
> 本文讨论了美国大学生课余打工的普遍现象及其背后的文化和社会背景。对大学生课余打工的调查显示,课余打工成了美国大学生生活的一部分,与学生的家庭背景或就读的学校类型无关。许多学生通过平衡打工和学习来维持全时学生身份,特别是那些善于时间管理的学生。
>
> 学生们可以选择在校内或校外工作,校内的工作包括图书馆助理、咖啡厅服务员等,研究生通常担任助教或助研。校外的工作范围更广泛,包括在超市、餐厅等场所打工,薪资根据不同工作类型有所差异。国际留学生在校内打工不需要特别许可,但在校外打工需要申请工作许可,这使得他们的就业机会相对有限。课余打工不仅为学生提供了经济支持,还帮助他们积累了工作经验,增加了社会阅历,是进入职场的一种"预修课"。美国大学生的独立精神和自立能力在这种环境下得到培养,很多学生在大学期间选择自食其力,不再依赖父母支付学费。
>
> 美国大学鼓励学生参与校内工作,并为此提供了相应的科研经费和勤工俭学的机会。尽管有时打工会影响学习进度,但大多数学生认为打工是大学生活的一部分,有助

> 于培养他们的独立性和责任感。总的来说,美国大学生的课余打工不仅是校园里的一道风景线,也是美国社会强调个人独立和自立精神的重要体现。

在我所居住的大学城里,每当我去附近超市购买食品,总可以遇见几位我的学生在那里打工,有的做收银员,有的当搬运工。在夏天,当我家前院的草长得较高时,也会有大学生开车过来敲门,问是否需要割草。可见,大学生课余打工在美国早已经是习以为常的事了。

我曾在任课的班里做了一次小调查。其中有一道问题是:"在典型的一周时间内,你花了多少时间在有收入的工作上?" 4个选项的答案分别是:没工作(21.4%),少于4小时(3.6%),4到8小时(3.6%),超过8小时(71.4%)。可见,仅五分之一的大学生不打工,而超过三分之二的大学生课余打工时间在8小时以上。

这一数字与全美国的相关调查相吻合。美国教育委员会早就有研究报告表明,在美国近2 000万名本科生中有78%参加课余打工。打工者不分年龄、性别、种族、民族,不管家庭收入高低、是否依赖父母、是否为全时学生、上私立还是公立学校。他们平均每星期工作30小时。这个比例在过去多年来没有什么大变化。课余打工可谓典型的美国大学校园文化之一。

课余打工可以分为全时打工和半时打工。全时打工每周工作时间达40小时。而全时学生,每学期必须修满12个学分以上,即4门课程。因此,全时打工的学生通常比较难以维持全时学生的身份；如果选课不到12个学分，就成为半时学生。而半时学生则在申请奖学金等方面受到许多限制，而且学习年限会延长。因此大学生们如果想维持全时学生身份，则必须在打工和读书两者之间做出平衡。我所教的学生中仅有个别相当聪敏，又有比较好的时间管理理念的，才能做到两不误，既参与全时打工（与上课时间错开），又取得良好的学习成绩。而大部分大学生保持全时学生的同时，只参与半时打工。

　　课余打工可以分为校内打工和校外打工两种。本科生在校内打工的场所繁多，如校园图书馆、书店、咖啡厅、电脑室等；而研究生则多为助教、助研等。一般规定可以有每周20小时的打工时间。校内打工每小时最低薪水为10.90美元（2017年10月开始执行的标准），有些可达每小时15—20美元（每年会有适当调整）。而校外打工的工种则五花八门，可以在超市当收银员，在餐厅做服务生，甚至在办公大楼当保安等。工种不同，薪水差异也较大，如果做家教的话，时薪一般为10—15美元；而沃尔玛超市收银员或包装员的时薪也有9.91美元；为私家维护花园和割草的时薪则可达15—20美元。由于寒暑假不上课，大学生可以打全时工，每个月基本上能保证1 500—3 000美元的收入，约合1—2万元人民币。

　　美国本地大学生和国际留学生在申请课余打工时也有一些区别。本地大学生找工作有得天独厚的条件，只需要相应的文件，包括社安卡等即可申请到工作。有些超市在急需员工时，大学生们在网上便可申请。根据美国政府的规定，国际留学生在校内打工，不需申办特别许可，属于合法打工，但要注册维持全时学生身份，每周工作时间一般限制在20小时内（即半时打工）。如果想到校外打工，则需申办工作许可，获得社安卡才可以合法打工。然而这一申请过程相当烦琐,而且有许多限制。在校期间,国际留学生还可以实习的名义,在美国申请工作。申请人首先必须读满一个学年,然后在毕业前90天到毕业后30天之内,填好相关表格并带着学校国际学生顾问的推荐书,到移民局申请工作许可。

我儿子当年在读大学三、四年级期间,曾有辅导低年级学生课业的机会,也算是校内打工。到了年底,学校财务处会寄一封报税表到家里,统计年内的打工收入,在次年4月15日前,必须报税。因此,孩子也通过这样的经历,习得了某些将来踏入社会、获得工作以后需要掌握的基本常识。通过各种课余打工,孩子也更能体会和理解打工学生的辛苦。每当我们全家去餐馆就餐完付小费时,儿子总是在一旁说"多给点"。

其实,不管是美国本地学生还是国际留学生,很多在校大学生都会选择打工。有些是为了赚取生活费或支付学费;有些是为了积累工作经验,为将来求职打基础;也有些是为了亲历职场,了解社会,增加社会阅历。不管是出于什么目的,打工是美国大学生生活的重要组成部分,也可以说是大学毕业后融入社会的一门"预修课"。大学学习期间的打工经历不但可以带来直接的经济利益,更是对专业学习的某种补充和检验,也算是一种"准职业训练",让大学生们锻炼和实践某些专业方面的能力,同时获得与他人沟通的经验,还能学会如何合理地利用时间等,更为重要的是能深入地了解社会对于职业的需求,为他们将来的职业选择确定方向。

与国内大学生的自行车遍布校园各个角落不同,美国大学生通常以开车为主,因此,周一到周五大学校园里的停车场总是"车满为患"。有时为了找到一个车位,要在一个停车场里来回兜圈。我在同一个课堂小调查中问及学生住处离校园的距离。回答有5个选项，回答如下：住在校园里（28.6%），住在15分钟车程距离（28.6%），住在15到40分钟车程距离（17.9%），住在超过40分钟的车程距离（25%）。可见，至少开车15分钟到学校的大学生占大多数（71.5%）。有了汽车后，就有更多的自由。大学生们通常是开车匆匆赶到学校上课；上完课后，即开车匆匆赶往打工处。

美国大学对学生在校打工持积极态度。教授科研经费中规定有相当一部分是用于学生参与科研工作的劳务费。我曾申请校内的科研经费，在申报时其中有一项是支付给学生参与调查资料的整理工作。在获得经费后，这一项经费就只能用于支付学生劳务费，不可用作他途。学校各部门都想方设法提供机会给学生勤工俭学。在校园里信步走走，也可以随处看到墙报上有关招聘办公室助理、研究助理、视频制作人等的小广告。国际学生们通常先找到留学生办公室顾问询问大学里是否有"校内打工"机会，若有机会，留学生不需要办理工作许可，即可参与，而不必去校外冒风险"打黑工"。任课老师通常也能够理解个别学生有时作业交得晚了，或上课缺勤，多半是因为课余打工影响到休息或没有时间应付作业。而对学生的校外打工，学校也不能过问，因为这是学生私事，是他们的自由选择。即使学业成绩下降以至未能达到最低分数线，打工学生也通常是在下学期重修这门课，这也就延长了毕业时间。有研究表明，大学生因为打工时间长，影响学习，原本只要4年就可以读完的本科学位，就有可能需要6年甚至更多时间才能完成。

同样也有调查表明：由于校内工作机会有限，大部分打工学生不在校园工作，而且所从事的工作也大多与所学专业无关。虽然打工经历并未直接与所学专业相关，也可能并未直接有助于未来的事业发展，但大多数学生不认为打工是沉重的负担，相反认为是大学生活的一部分。美国大学生除了要完成大量的课程学习之外，还有课余打工、社团活动、社区服务等选项。这些都需要时间和精力的投入。因此，美国哈佛大学就有出名的"三个三分之一"（Three one-third）之说，即三分之一时间完成课程，三分之一时间参加社团活动，三分之一时间课余打工，只有这样的学生才算真正的哈佛大学学生。

在美国大学生课余打工风景线的背后，其实是美国青年的自立精神，以及西方社会强调个人独立的文化传统。在这种文化传统的影响下，家长们习惯于从小培养孩子自己照顾自己以及独立生活的能力。孩子上了大学之后就算步入成人社会了，因此必须在经济上力求独立。如果还是依赖父母，则有失脸面，而且在同辈群体中，也会让人笑话。因此，即使是富家子弟的大学生，也同样加入打工行列。很多富裕家庭的孩子考上大学后，就不再用父母的钱，而是自己挣钱付学费。有调查资料显示，大学生在读大学期间由父母交学费的占22%；依靠国家助学金贷款的占41%；靠打工支付学费的占18%；学习成绩优秀，获得各种奖学金的占16%。可见，依赖父母交学费的仅占五分之一左右。而近一半的学生宁愿申请学生贷款，也不向父母要钱。为鼓励学生自食其力、独立自主，美国的国家助学金贷款面向所有大学生开放，而并非只针对贫困大学生。即任何学生都可通过申请国家助学贷款完成学业，毕业获得工作后再靠自己归还。美国大学生的课余打工使学生积累了工作经验，获得了社会阅历，体现了独立精神，也彰显了美国社会的文化传统。

概念提要

▶ **时间管理（Time Management）**

时间管理是指通过计划、组织和控制时间来有效利用时间资源，以实现个人或组织的目标。这涉及对任务的优先级排序、制定时间表、分配时间和资源，以及减少时间浪费和提高效率的方法。时间管理的关键目标是通过高效的安排和执行，使个人或团队在有限的时间内完成更多工作，提高生产力和生活质量。时间管理技巧包括制定任务清单、设定明确的目标和截止日期、减少干扰、分阶段完成工作以及定期审视和调整计划等。

▶ **社安卡（Social Security Card）**

社安卡是美国社会保障局（Social Security Administration）签发的一张卡片，上面印有个人的社会保障号码（Social Security Number, SSN）。该号码是美国公民、永久居民和部分非公民的一个重要标识符。社安卡及其号码广泛用于工作、报税、社会福利申请和身份验证等方面。社安卡和SSN对美国居民来说至关重要，因为它们不仅用于政府的社会保障计划，还在银行开户、申请信用卡、获得医疗保险和租房等情况下被广泛使用。

▶ **助教（Teaching Assistant, TA）和助研（Research Assistant, RA）**

助教（TA）是指在高校或其他教育机构中协助教授或主讲教师进行教学工作的研究生或本科高年级学生。助教的职责通常包括讲授辅导课、组织讨论会、批改作业和考试、为学生提供额外的学习支持和解答疑问等。助教的工作有助于积累教学经验，提高教育技能，同时减轻主讲教师的教学负担。

助研（RA）是指在高校或研究机构中协助教授或研究人员进行科研工作的学生，通常是研究生。助研的职责包括查阅文献、收集和分析数据、设计与执行实验、撰写科研报告和论文、参与项目讨论等。助研的工作帮助他们获得研究经验，深入了解研究过程和方法，为将来从事科研工作打下基础。

▶ **准职业训练（Pre-professional Training）**

准职业训练是指在正式进入职业领域之前，学生或参与者通过特定的培训和实践活动，为未来的职业发展和就业做好准备的一种训练方式。这种训练通常包括与专业相关的技能学习、实习、模拟工作环境的实际操作、职业发展课程和职业咨询等。准职业训练的目标是帮助参与者了解职业领域的需求、积累实际工作经验、提升专业技能，从而更好地适应未来的职业生涯。它可以包括正式教育课程、实习机会、在职培训以及其他形式的职业准备活动。

美国大学生"个性化"是如何与"异质化"社会相关联的?

本篇概要

本文探讨中美大学生的差异，重点探讨美国学生的核心特征——"个性化"。文章首先从物质条件的比较开始：美国学生通常有私家车、宿舍单间，而中国学生通常使用自行车、共用宿舍。这些差异凸显了更深层次的文化和制度差异。

本文将"个性化"定义为将个体与群体区分开来的过程，强调个人独立、自我意识和自主性。根据德国社会学家乌尔里希·贝克的说法，个性化涉及制度化的个人主义及其社会和政治后果。在美国大学的背景下，这得到了"学分制"等制度的支持，该制度允许学生按照自己的节奏毕业，培养个人责任感和独立性。美国大学没有中国大学中常见的严格组织结构，例如班长或强制性小组活动。相反，它们提倡一种"非组织"和"非等级"的环境，学生被视为具有平等地位的独立个体。毕业典礼上，校长会单独表彰每位学生，这体现了对个人成就的认可和重视。

美国高等教育中的个性化概念与更广泛的社会价值观以及"异质化"社会相一致，这些价值观优先考虑个人自由、民主和平等。这种方法培养了学生独立选择和发展独特才能的能力，最终有助于建立一个重视个人责任和自力更生的社会。

最近与几位朋友谈起中国大学生和美国大学生的差别。朋友A说，美国大学生绝大多数都有私人小汽车，于是校园里车满为患；而中国大学生都有自行车，因此校园里自行车四处散乱。朋友B则说，美国大学生的住宿条件几乎百分之百的都是独卧（一人一室），而中国大学生宿舍多为一室多卧（多人共室）。此话不假，你可以想象如果你在大学期间就有一辆自己的小汽车，有自己独立的卧室，那该有多么酷！可是再细想一下，毕竟这些都只是表象，什么才是本质上的差别呢？这里我想先与大家讨论一下美国大学生的特点——"个性化"。至于中国大学生的特点，将在本文末尾作一概括。

在我所任教的课堂里，美国大学生拥有私人汽车的比例高达95%以上（根据美国大学所在的区域，比如城市与郊区，这个比例会有些差别）。学生如果打工的话，只需要不到两个月的收入就可买一辆二手车（价格通常在1 000—2 000美元）。如果不住校，学生每周数天来往学校得开车；即使住校学生，外出打工、回家看望父母等也必须开车。如果住校，学生宿舍一般情况下都是单卧室，即一人一室（通常厨房和客厅可以合用，卫生间则都是独用的）；只有夫妻才能合用一间卧室。其原因不证自明，大学生到了18岁的年龄，由于个性发展需要独立、自由，因此有自己的汽车、有自己独自的空间，能满足其身心等各方面发展的需要。大学则必须提供这方面的条件来培育大学生的"个体性"：有足够的停车场，有保护隐私的住房条件等物质环境。那么，是否仅靠这些物质环境就能构成"个性化"发展的充要条件呢？其实并不然，美国大学生的"个性化"培育路径还包括其制度设计和校园生态等。

一、"个性化"的定义

简单地说,"个性化"即是将个体从普通群体或物种中区分开来。从深层次讲,可以采用德国著名社会学家乌尔里希·贝克(Ulrich Beck)的定义:"个性化,是制度化的个人主义及其社会政治的后果。"如果从社会学角度对"个性化"作一解释,则可以作这样简单地表述:"个性化"是区别于"群体化"的人的个性与人格发育过程与路径安排。"个性化"是强化自我意识、自我选择、自我尊重的过程。其目标在于自立、自省、自爱、自尊、自主、自强。然而,"个性化"的同时并非排斥"群体",群体其实也正是"个性化"过程中不可或缺的一个环节。个体与群体的关系是:个体在群体中体现自我,群体提供个体交往的机会。因此,个体在群体中习得相互依存,培养成熟的人际关系和团队合作精神。

二、"个性化"的制度设计与校园生态

美国高校大学生培育"个性化"的路径并非仅仅体现在其丰富的物质基础所能提供的条件,而在其制度设计上以"学分制"和"年级制"来强化其过程。美国大学本科并非固定的四年制,而是以"学分制"取代。也就是说,学生只要修完规定的学分,就可以毕业。有三年半毕业的,也有五六年甚至更长时间才毕业的。因此,同时进校的同一年级的同学,很多都不能同年毕业,其毕业时间或早或晚都取决于个人对自己学业的安排。所谓"同学"也仅仅是指同一学期修了同一门课而在一起上课而已。上同一课堂的同学中,一个学期下来,只知其人而不知其名的屡见不鲜。美国大学的 Class(年级)的概念与中国的"班级"概念不

同，Class是指同一年入学，即中国大学里"年级"的概念。由于没有"班级"制，因此，就无从谈及"班级"的概念。

此外，在美国，大学期间既没有类似于国内"班主任"或"辅导员"的编制，更不存在"班长""课代表"之类的学生官，在制度设计上体现了"去组织化"和"去等级化"。大学生在学校里是独立的个体，其角色就是读书，在校期间平起平坐，没有高低之分，尊卑之别。在毕业典礼上，毕业生按播音员播报的名字依次上台，由校长亲自给每一位学生颁发毕业证书并与之握手。一场毕业典礼下来，校长与近千位毕业生握手并合影，这已成为美国高校毕业典礼的"传统节目"，并且同步视频直播。可见其"个性化"的理念早已深入人心并体现在各项具体的工作之中。

美国高校大学生"个性化"还涉及学校的其他规范性安排所构成的校园生态，比如美国大学生在大学的第一或第二年都先涉猎感兴趣的科目，而不着急确定专业方向，以利于学生从这些选学科目中找到自己的兴趣点，为大学阶段在专业上的自我设计打下相对广博的基础。又比如学生考试成绩不得张榜公布，也不能用学号或其他暗示性的方法公布，是一条约定俗成的规范性条文。学生的学习成绩由任课老师评定，任何人不得干涉。学习成绩通常作为学生个人档案由任课老师及学籍科保留，任何其他老师无正当理由不得打听；家长需要了解，也须征得学生本人同意，以保护学生个人隐私权利等。课堂期间，任何外人不得随意召唤学生出课堂，以保障学生受教育的权利等。学生选课可根据自己的意愿进行，任何人包括家长不得干涉其选择。残障学生有权维护其受法律规定的特殊对待，并要求保密，任何人不得干涉，等等。瑞士心理学家卡尔·荣格（Carl Gustav Jung）很早提出"人格发展论",他指出"儿童逐渐意识到自己是一个独立的个体",而"青年期随着自我意识的发展,年轻人需要摆脱对父母的依赖"。荣格把"个性化"视为个人对自身完整性和平衡性追求的内在驱动力。良好的校园生态可以促进"个性化"的过程,使个体的才能、个性得到充分施展,反之则不利于个体的成长,造成相反的结果。

由于美国社会的主流价值观是崇尚发扬个性,倡导"个人本位"。因此,大学生"个性化"的理念恰恰满足了自由、民主、平等的原则并充分体现在学校教育中,即尊重学生的个性发展,给予学生充分的选择权利,促进学生的自由发展。学校尽可能提供给每一位学生一切有利于学习、实践与生活的条件,以满足学生的智能结构、兴趣爱好、优势特长,以及潜在资质发展的需求,优化个体发展空间,让每个学生都能找到合适的发展区,选择合适的学习方式,促进学生自我发展。这样的理念也构成了"个性化"制度设计和校园生态的根本原则和路径安排。

美国大学生"个性化"的培养过程,是否排斥群体活动呢?答案是否定的。大学生在发展"个性化"的同时,由于身心发展的需要,也往往培育着群体交往的需要,在交往中发展独立个性,在交往中建立与他人的友谊。比如,美国大学生住校并非硬性规定,学生可以住学校宿舍,也可以自行在校外找住宿。而住在同一单元的几位大学生,有时专业往往各不相同,或是学物理、生物、化学,或是学音乐、历史、政治。如果性格相投,互动频繁,就有可能成为好朋友长期交往。

除了宿舍交往之外,参加校园内的各种学生社团也是加强同学间相互联系的重要途径。校园内上百种兄弟会、姐妹会及各种兴趣团体种类繁多,五花八门,参加这些学生团体不但能够满足课外活动、群体联谊交往的需求，也有助于培养个性。这些校园社团活动都是建立在自愿基础上的，有些还有"入门"的条件，比如学习成绩GPA必须在某个值以上等。有兴趣可以参加，没兴趣也没人强迫，因此，其归属感因人而异，与"班集体"的概念完全不同。同学间基于参与了种类繁多的学生社团，增强了互动而建立的友情并长期交往也不乏所见。可见，美国高校校园的群体活动是以个体的自由选择和参与为基础的。

三、"个性化"的社会后果

毫无疑问，大学生"个性化"的意义远不在于学生在校期间，而在于学生毕业后投身于所参与的社会而产生的意义及其社会后果。"个性化"的社会后果可以分为直接后果和间接后果两种。如上所述，美国高校没有"班集体"的建制，因此也不存在"班集体"的概念，更无所谓"同班同学"的认同了。如果把美国大学生与国内高校毕业的大学生在毕业后的"班级聚会"活动用统计学的方法进行大数据比较的话，两组数据也许必然有"显著差异"。美国大学生中显著缺乏"同班群体"的认同这已经是公认的模式。这里套用自小习得的"存在决定意识"原理，这种缺乏"同班群体"认同的意识，显然是由大学期间的校园环境所决定的。因此"个性化"的直接社会后果不外是群体观念的弱化、去权威和去等级化倾向，难以实施动员机制。因为，动员机制是集体性的重要表现。动员的过程则往往体现了权威，用榜样力量来鼓动人们投身某种运动；而权威往往来自集体。有集体，必有权威。

"个性化"的另一社会后果是个人的自我意识的增强，个人的责任和义务感的提高。美国社会的大量捐款，也是一种基于

"个性化"的理性行为,而并非动员的结果。根据美国施惠基金会（Giving USA Foundation）发布的2016年年度慈善报告显示：2016年美国人一共捐了3 900亿美元,相比上一年增长了3%,创下历史新高（相比之下,近几十年来中国富豪越来越多,然而捐款总额却不到美国的4%）。在这3 900亿美元的捐款中,个人捐款比例占到了70%以上（2 820亿美元）,按现有人口3.23亿计算,人均捐款872美元,而70%的捐款人都是普通百姓。美国有一家捐款人顾问基金会曾在官网上做过调查：为什么美国民众喜欢捐款？其调查结果显示,捐款动机可分成两种类别,一种为感性类：成就感、跟潮流、被别人记住；另一种为务实类：真心想帮助他人、宗教、减免税款。看过美国大片的人都知道美国人都爱看好莱坞"个人英雄主义"的电影,而通过捐款来"英雄"一把,提升自我成就感是个不错的选择,其根源也在于"个性化"所产生的社会效应。

"个性化"的另一个社会后果是导致"异质化"社会的产生。所谓"异质化"（Heterogenization）是与"同质化"（Homogenization）相对的概念。正如社会学家斯宾塞曾言：社会的进化规律是从"同质性"向"异质性"过渡。古代社会发展到近代社会和现代社会,其最大的特征是群体的分化,再到个体的分化。社会越是向前发展,社会成员的"异质性"越高,社会成员相互间交往的可能性和必要性也就越大。也就是说"个性化"所强调的独立个性只有在广泛的社会交往中才能体现。在"异质化"的社会,照章办事比较容易进行,不纠缠于人情,而市场经济得以正常运作的重要社会条件恰恰是"异质化"的社会。相反,"同质化"也就是我们通常比较容易理解的"熟人社会"；而在这样的社会中办事"找熟人,托关系"则成为理所当然,很难采纳"市场机制",更与公民社会的"民主机制"不相容。美国的大学生们踏上工作岗位后,也许没有那么多自小形成的"朋友圈""同学群",因此遇到问题也没法"找关系"。这也许就是大学生"个性化"所产生的另一个间接社会后果。

回到本文开头关于美国大学生和中国大学生之特点的讨论。在"文革"以前的计划经济时代,在全民鼓励"学雷锋""做革命的螺丝钉"的年代,无疑是以"群体化"为特征的。而在改革开放之后的市场经济条件下,中国大学生的特点可以概括为:"弱个性化",即由于"个性化"没有完整地发育而导致的状态。大学生有"个性化"的要求,却未能有效表达或缺乏表达的机制。教育机构虽然主张培养具有个人意识和个体责任的年轻一代,但同时又希望他们能在某些方面抑制自我,服从权威;在制度设计上又不能照顾到"个性化"的需求,而往往以群体化来取代。于是大学生在思想意识上往往出现内心中的功利主义和行为上的从众表现,那种表里不一的现象也就不足为奇了(挪威奥斯陆大学人类学家贺美德语)。"弱个性化"还体现在"精致的个人主义",即一种群体性的外表包装下的个体性;"利用体制的力量来达成自己的目的,而体制也一度青睐这样的人才"。因此,形成一种双重人格(北京大学教授钱理群语)。

早在200多年前,德国柏林大学校长威廉·冯·洪堡(Wilhelm von Humboldt)曾发表演说:"如果有什么机构是最需要在个人发展上承担其责无旁贷的责任的,这就是教育——一贯以培养个体作为宗旨的教育。"这标志着个人发展的概念正式成为教育体系的一部分并且成为现代大学成立的一个明确目标。校园好比一个小社会,大学生在校园里的"个性化"培养路径,为他们日后踏上社会，成为一个独立的公民提供了一个示范和实习的机会。高校大学生强调个人发展的概念，不仅是一种观念上的转变，更是涉及学校制度变革的一项工程。广而言之，现代市场经济体制下的"企业家精神"、大学的"学术自由"等，都必须建立在"个性化"机制中才真正有可能成为现实。

概念提要

▶ **个性化（Individualization）**

个性化是指将个体从群体或物种中区分出来，强调个人的独特性和独立性。个性化不仅指物理上的独立，更包括思想、行为、选择和责任等方面的独立。

主要特点：

（1）个人独立：每个人都被视为独立的个体，具有独立的思想和行为。

（2）自主选择：个性化强调个人有权选择自己的生活方式、职业、兴趣等。

（3）自我发展：重视个人在思想、精神和技能方面的独立发展，鼓励自我反省和自我提升。

（4）社会角色：个性化也涉及个人在社会中扮演的独特角色，强调个人与社会的互动。

应用与意义：

（1）在教育领域，个性化教学关注每个学生的独特需求和兴趣，鼓励个性发展。

（2）在社会制度中，个性化意味着对个人权利的保护和对多样化生活方式的包容。

（3）在市场经济中，个性化商品和服务通过满足消费者的独特需求来实现市场差异化。

▶ 异质化（Heterogenization）

异质化是指在一个系统或社会中，个体或群体之间的差异和多样性增加的过程。异质化强调多样性和不同特点的共存，是社会和文化发展的一个重要方面。

主要特点：

（1）多样性增加：异质化强调不同文化、背景和信仰的共存，社会成员在文化、经济和社会层面表现出更大的多样性。

（2）差异化：个体或群体之间的差异被认可和尊重，强调不同观点和生活方式的存在。

（3）复杂性增强：随着异质化的发展，社会结构和互动方式变得更加复杂，多元文化和价值观共存。

应用与意义：

（1）在社会学中，异质化是现代社会进化的重要特征，表现为社会从简单的同质性向复杂的异质性发展。

（2）在文化领域，异质化支持文化多样性，反对文化同化和单一化。

（3）在经济领域，异质化可以通过提供多样化的产品和服务来满足不同消费者的需求，从而促进市场的活力和创新。

▶ 同质化（Homogenization）

同质化是指使个体或群体变得相似或一致的过程，强调统一性和相同性。它是与异质化相对立的概念，通常涉及文化、社会或经济领域的标准化和统一化。

主要特点：

（1）标准化：同质化强调一致的标准和规范，减少个体或群体之间的差异。

（2）一致性：推动一致的行为、思想和文化，减少多样性和差异。

（3）简单化：通过消除差异和多样性来简化社会结构和互动方式。

应用与意义：

（1）在文化领域，同质化常常通过全球化和媒介传播，推动文化标准化和全球同一文化的扩展。

（2）在经济领域，同质化通过标准化的产品和服务减少市场的多样性，增加生产效率。

（3）在社会领域，同质化可能导致个体独特性的丧失，减少社会的多样性和活力，但也有助于建立统一的社会规范和秩序。

附录一

历史、社会、文化三维结构中的制度理念

重塑社会主义观念形态：社会学的思考
——兼评卢卡奇的《历史和阶级意识》

观念形态是一种社会精神或意识体系，然而它又是一种"社会实在"，是社会的精神和质的规定。按照马克思主义"社会存在决定社会意识，社会意识又反过来制约社会存在"的基本原理，联系当前我国的社会主义市场经济的实践，不难看出目前的社会现实中，社会经济结构发生重大转型的同时，观念形态上出现了滞后和阻碍现象，形成一种不利于市场经济成长的"社会文化生态"，最终将危及市场经济在中国的命运。本文拟由西方马克思主义代表人物卢卡奇的《历史和阶级意识》一书的点评引导，从市场经济在我国确立之后已经产生的社会效应出发，来论及观念形态的社会功能及其重塑社会主义观念形态的基本维度。

（一）

被列入华夏出版社"二十世纪文库"的《历史和阶级意识》一书，是著名的哲学家、匈牙利杰出的西方马克思主义奠基人卢卡奇（1885—1971）的一部力作。该书的主要方法论特点在于从观念体系入手来研究历史和意识形态之间的关系。

《历史和阶级意识》成书于1923年，当时正值自由资本主义到垄断资本主义的历史性过渡时期。悲观主义弥漫着当时整个资本主义社会，出现了诸如叔本华、尼采、克尔凯郭尔等生命哲学和存在主义哲学。特别是美国社会进入了20世纪20年代之后的大萧条时期，资本主义的经济危机全面展开，使整个资本主义社会的精神支柱发生动摇。一度备受青睐的个人主义受到怀疑,功利主义的弊端暴露无遗。而与此同时,无产阶级革命运动在苏联获得成功,开创了社会主义的新纪元。然而,东欧的一些社会主义运动则相继失败,于是作为西方马克思主义代表的卢卡奇,认为失败的原因是没有形成无产阶级的阶级意识,工人阶级在现实生活中的意识发生了严重的"物性化"。

《历史和阶级意识》一书是由8篇独立的文章整理而成的,但其基本的思想观点仍然清晰。该书主要表述了以下几方面的思想:

(1)卢卡奇在坚持马克思主义唯物史观方面,肯定了存在与意识的相互关系。存在决定意识这是不容置疑的。但与此同时,对事实的研究则强调必须放在特定的历史背景中才能进行。"事实必须要接受历史的和辩证的"检验[1]。因此,这种历史背景与当时的社会观念形态有很强的关系。忽视对当时的社会观念形态的把握,而去研究历史的某些表象,则是不符合马克思主义的辩证法基本原理的。

(2)对资本主义社会的深入批判和反思。卢卡奇认为,资本主义社会由于其生产资料的私人占有和生产的社会化之间的矛盾,以及商品经济深入到社会的各处角落,必然产生其特有的观念形态,即:商品、货币拜物教。在这样的社会中,人的异化,或者说人的物性化是必然的。"在主观方面——在市场经济已经相当发达的地方——一个人的活动变得跟他自身相疏离,变成服从于社会的自然规律的非人的客观性商品,变成恰恰与任

---

[1]【匈】卢卡奇:《历史和阶级意识》,华夏出版社1989年版,第8、86、83、51页。

何消费商品一样的,必须按照独立于人的活动方式进行活动的商品。"① "商品拜物教是我们这个时代,即资本主义时代的一个特有的问题。"② 因此,个人主义作为资本主义一面旗帜,显得破烂不堪,到头来反而失却了人的主体性,这是资本主义的一大痼疾。

(3)卢卡奇提出了无产阶级的历史使命在于建立社会主义。社会主义正是为了克服资本主义的弊端而提出的。因此,在观念形态上则必须坚持无产阶级意识。这种阶级意识"既不是组成阶级的单个个人所思考、所感觉的东西的总和,也不是它们的平均数。作为总体的阶级在历史上的重要行动归根结底就是由这一意识,而不是由个别人的思想所决定的,而且只有把握这种意识才能加以辨认。"③

(4)政党在无产阶级革命中的作用是组织起来。"组织是沟通理论和实践的中介形式",理论固然重要,但是没有强有力的组织,则理论不可能付诸实践。"理论一经掌握群众,也会变成物质力量。"④ "意识的出现必定成为决定性的步骤、历史过程一定采取这种决定性步骤以达到其适当的目的"。"理论的历史作用就是使这一步骤成为实际可能"。⑤

---

① 【匈】卢卡奇:《历史和阶级意识》,华夏出版社1989年版,第8、86、83、51页。
② 【匈】卢卡奇:《历史和阶级意识》,华夏出版社1989年版,第8、86、83、51页。
③ 【匈】卢卡奇:《历史和阶级意识》,华夏出版社1989年版,第8、86、83、51页。
④ 【匈】卢卡奇:《历史和阶级意识》,华夏出版社1989年版,第8、86、83、51页。
⑤ 【匈】卢卡奇:《历史和阶级意识》,华夏出版社1989年版,第8、86、83、51页。

纵观卢卡奇的《历史和阶级意识》一书，其主要论点无非在于指出无产阶级要取得革命胜利，在当时的历史条件下唯有组织起来形成一个坚强的整体，确立阶级意识。即以无产阶级的整体的"板块"来对付资产阶级，只有这样，革命才有可能成功。然而仔细考究其阶级意识由何而来？其社会经济基础是什么？则颇具一番玩味。

（二）

马克思在其许多著作中，尤其是在《政治经济学批判》序言中，从社会存在决定社会意识的根本理论出发，阐述了观念形态的产生及其对社会存在的作用。在存在意识两者关系上，马克思历来强调的是存在第一性，意识第二性，"不是人们的意识决定人们的存在，相反，是人们的社会存在决定人们的意识。"[①]而所谓观念形态，它是一个总的概念，它包括许多具体的观念意识的东西，如政治思想、法律思想、道德、哲学、宗教等等。总之，它是"观念的上层建筑"[②]。那么，当社会经济状况这种社会存在发生深刻变化的情况下，作为第二性的观念形态也必然随之发生变化。处在今天这样的历史条件下，再来看卢卡奇的"阶级意识论"，则显得捉襟见肘。何以见得，请看下述：

（1）卢卡奇用阶级意识来涵盖无产阶级的观念形态，是一种特定历史时期的产物。无产阶级在争取革命胜利的过程中，需要以一个阶级整体的面貌出现，从而来体现其巨大的革命的力

---

① 《马克思恩格斯选集》第二卷，第82页。
② 【匈】卢卡奇：《历史和阶级意识》，华夏出版社1989年版，第64、213、28页。

量。而在无产阶级夺取革命胜利之后,在实现社会主义建设的过程中,特别是实行了市场经济的条件下,仍以阶级性、阶级斗争来解释无产阶级的观念形态,似有牵强附会之感,也不利于调动社会各阶层的积极性。"阶级意识"对于特定"历史"阶段,有其特定的作用,而不顾历史发展的现实性,则不是马克思主义的态度。

(2)卢卡奇所称的"于是,物性化就是生活在资本主义社会中的一切人的必然的、直接的现实。"①物性化是在资本主义自由竞争的"历史"时期表现的极端形式,就是人完全丧失其主体性,成了非精神存在的"客体"。资本主义社会所倡导的个人主义本质上是一种个人本位意识,它是一种哲学上的方法论,其基本内涵是尊重个人选择和尊严。它与自私自利、损人利己那种伦理学上的个人主义概念完全是两码事情。市场经济本质上是建立在基于个人选择的社会机制之上的,它并不必然导致"物性化"的结果。

(3)卢卡奇执意认为,在资本主义的社会形态中,只会产生绝对的、非理性化的个人主义意识,而这种个人意识与无产阶级的整体利益是无缘的。无产阶级要实现阶级利益,也就只能牺牲个人的利益。"资产阶级思想一贯有意识或无意识地,朴素地或巧妙地根据个体观点来判断社会现象。从个体通向总体是没有路的。""在现代科学,只有阶级才能体现这种总体观点。"②这种观点显然缺乏辩证法的思考。孟德斯鸠曾把一个共和国视为一个自

---

① 【匈】卢卡奇:《历史和阶级意识》,华夏出版社1989年版,第64、213、28页。
② 【匈】卢卡奇:《历史和阶级意识》,华夏出版社1989年版,第64、213、28页。

我调节的社会,"其主要的动力是把一个人自己的利益同一于共同的利益,并称这种同一为公民美德。对孟德斯鸠来说,一位有道德的公民是这样的人:他理解个人的福利,依赖于普遍的福利,而且可以指望他循此行事。这种品格的培养需要以下的实践背景:在这里,人们可以经历到个人考虑与共同利益之间的一致。"① 帕克·帕尔热亦曾说道:"在一个健康的社会里,个人的东西和公共的东西并不互相排斥,并不处于相互间的竞争中。它们倒是一个整体的两部分,一个悖论的两个极端。它们一起辩证地发生效力,并且帮助创造对方、哺育对方。"② "例如,为了保护自己的生命与财产,任何人都希望有一个安全的环境;为了自己的身心健康,任何人都希望在自己的居住地有一个卫生的环境;为了能在生活中尽可能多地感到温暖,任何人都希望人们对自己能以礼相待等等。当人们这些愿望一旦强烈起来并成为一种公众的要求时社会公德便产生了。……这是公众对社会的每一个成员(无论他属于哪个阶级)的要求。"③

(三)

社会主义市场经济的确立是社会主义内部自我调节的重大举措,它是在肯定社会主义制度的前提下所作的全局性、根本性的变革。因此,从计划经济体制转向市场经济体制,它带来的不仅是经济层面的更新,同时,它必然引起社会层面、文化层面、政

---

① 【美】罗伯特·贝拉:《美国透视——个人主义的困境》,社会科学文献出版社1992年版。
② 【美】罗伯特·贝拉:《美国透视——个人主义的困境》,社会科学文献出版社1992年版。
③ 王润生:《现代化与现代伦理精神》,广西人民出版社1989年版,第23页。

治层面的相应变革。换言之,市场经济体制的最终确立,它必然要求适应其运行的社会、文化、政治条件的改观。否则,市场经济的发育不可能根本地完成。目前的社会转型,正为市场经济引入创造条件,在社会层面上已引起相应变化,产生相应的社会效应,可归纳为:

(1)行为的选择性增强

在市场经济条件下,社会的基本构成是法人和自然人。法人和自然人在经济生活中均具有独立的人格和权利义务,这是市场经济发育的基本的要件。而在以往的计划经济模式中根本不存在"法人"这一概念。生产单位并不是真正意义上的独立企业,而是国家的一个"零部件";上缴的也不是"税收",而是"利润"。因此,作为生产单位来说绝没有风险可言,有的只是计划指标完成得好与不好;生产单位基本上没有"选择"的余地,它的产、供、销统统由国家计划规定。而在市场经济的框架中,企业必须首先是独立的法人,它要承担法人的所有责任和义务,同时,它拥有自主经营、自行决策的权力,它必须依据自己企业的生产经营能力选择最佳的投资经营方向,获取最高的利益回报。而"自然人"作为与法人相对的概念,是指个人的法律属性,在市场经济条件下的个人与计划体制下的个人有很大的区别。市场经济体制下的个人选择机会增强,不仅反映在个人选择单位的现象普遍,同时也反映在个人对自己生活道路、自我发展方向的选择上。而计划体制之下,个人"服从国家分配""做革命的螺丝钉"是最高的原则,个人不必选择生活道路和发展方向,因而滋生许多懈怠心理,泯灭积极进取的内驱。

(2)关系的契约性突出

市场经济是建立在商品交换基础上的,而商品交换的本质是一种契约关系,即交换双方形成某种共同认可的契约,于是交换才得以成立。市场经济的运行是依靠许许多多买卖双方的"契约"而推动的。交换中的"契约"本质上反映了人与人之间的关系。因此,市场经济活动中,这种"契约"关系也必然反映到各个领域,"合同制""承包制""招聘制"等都可以视为"契约"关系的具体化。这种契约关系的积极意义在于明确关系双方的权利和义务,界定其活动领域和活动目标,并能在契约规定的范围内,使行动者有积极进取的余地。这与计划体制之下的"同志加朋友"式的关系截然不同。当然,契约关系的扩大化,有可能导致社会生活的庸俗和人格的异化,这是市场经济条件下难以治愈的病症。

(3)社会的异质性提高

社会的发展从社会的结构和功能来看是个不断分化的过程。社会分化具体表现在社会成员的职业分工、教育水平的区别以及文化心理上的差异等各个方面;现代社会比之古代社会,社会分化的程度显然要高得多。社会学家斯宾塞,把这种社会分化的趋势概括为社会由"同质性"向"异质性"的过渡。社会异质程度提高也是社会分化的结果。市场经济必然要求一个异质性较高的社会背景,正因为异质性较高,才有可能建立相互"交换"的前提;同时,市场经济的实际运行将不断地调整各方面的利益格局和利益关系,也必将促成异质性较高的社会环境。这种异质性体现在人们的职业、教育、利益等各个方面。与计划体制之下的"36元万岁"这种"准同质"社会相比,市场经济所带来的社会异质程度要高得多。

显然,市场经济的运行,一方面自然地产生了它的社会效应;另一方面,又为社会的观念形态的生成提供了最为现实的基础。在市场经济的条件下不可能形成如卢卡奇所指望的那种"板块"意识。如何面对已经变化了的客观的"社会存在",去理解和认识由此而决定的"社会意识"及其反作用（功能）,是本文最后所要阐述的。

（四）

社会观念形态尽管属于"第二性"的存在,然而,它有其自身的发展、演变的规律,并且对"第一性"的物质存在（社会经济基础）构成强大的反作用,并体现在它的巨大的社会功能上。

社会观念形态主要的社会功能在于：

（1）整合功能。观念形态的整合功能是统治阶级维持社会一体化的重要手段,任何国家都需要借助观念形态来进行文化整合,使得不同的利益集团和个人相互认同和进行对话与合作。转型时期的观念形态的整合功能更为重要,这是社会分化现象的加剧所致。

（2）制约功能。观念形态的制约功能是以观念、意识等形式,对社会进行约制（控制）,社会制约是维护社会稳定,促进社会良性发展的重要机制,它包括法律、道德、风俗习惯、舆论、宗教等各种方法。社会转型时期的"规范失却"（失范）导致社会"失控",本质上是因为观念形态尚未得到调整,而使得新的规范难以建立、制约功能未能充分发挥。

（3）导向功能。观念形态的导向功能是建立在大众传媒基础上的。大众传媒是以公众喜闻乐见的形式来表现的大众文化,其本质上体现了观念形态及其价值取向,从而来引导大众的精神需要。转型社会中社会生活发生新的变化,以往的观念形态往往对现实生活缺乏阐释力,而新观念由于"供给"不足,不能满足社会的需要,也就更谈不上导向功能的发挥。

因此,在从社会主义计划经济向社会主义市场经济转型的过程中,必须重塑社会主义观念形态,以适应日新月异的社会现实的需要,适应正在产生的市场经济的社会效应,更好地发挥观念形态对于社会的整合功能、制约功能和导向功能,充分地激发广大群众的潜在能量和参与市场经济的积极性,从而促进社会生产力的迅速提高,并实现稳定、高速的发展战略。观念形态的重塑要从封闭性的观念形态走向开放性的观念形态。

封闭性的观念形态的基本维度是:

(1)阶级性原则。所谓阶级性原则,就是一种自觉或不自觉地以"阶级""阶级斗争"作为衡量事物的标准的一种观念意识。新中国成立以来的那段历史已经使我们吃够了苦头。无限制把阶级性原则用于社会生活、经济和政治生活的所有领域,显然是不利于社会主义建设事业的。

(2)整体原则。所谓整体利益原则,是种一味地强调整体(包括国家和集体)利益,而不顾及个人正当利益要求的观念意识。长期以来对社会主义的集体主义的片面理解,导致了这种整体利益原则的滥用,"一大二公""共产风"等,对社会生产力发展造成的危害是不堪回首的。

(3)自我牺牲原则。所谓自我牺牲原则,则是一种忽视甚至无视自我以期达到"无我"境界的极端片面的观念意识。其表现形式可能异常崇高,诸如"奉献""螺丝钉"等,而其深层的价值定位则是一种"奴化""愚民"思想作祟,是与市场经济的要求格格不入的。自我牺牲作为一种伦理精神的提出有其积极意义,然而把它作为一种社会观念体系的主要内容,则是不切实际的。

在社会主义市场经济逐步建立的过程中必须尽快塑造新型的开放性的形态。这种开放性的观念形态的基本维度是：

（1）理性化原则。所谓理性化原则是一种理性选择的意识。理性选择要求选择主体从手段与目标、方法与途径等方面综合考虑，作出权衡而采取行动。理性化原则是适用于任何法人团体（包括政府部门和企业、事业单位等）和自然人的一种现代观念意识，它是突破传统的、因袭的条条框框，而趋向建立新的规范的一种现代意识。

（2）公共利益原则——所谓公共利益原则是一种要求以社会公众利益作为价值基准的观念意识，市场经济的本质规定了只有公众才是实现自我的根本保证。公众才是真正的"上帝"，因此，关心公共利益，"重名誉，守信用，讲人伦，懂法制"[①]应当成为市场经济的基本观念。

（3）主体价值原则——所谓主体价值原则是确立个人在社会中主动、积极、创造的利益主体地位的观念意识。市场经济的活力来自何处？正是来自对个人利益主体地位的重新界定。尊重个人的首创精神，维护个人的正当权益，以及在法律范围内允许个人充分地施展才能，正是社会主义市场经济能保持活力的真正原因。

（作者孙嘉明，发表于《学海》1995年第1期）

[①] 孙嘉明：《社会主义市场经济背景中实现人格重建》，《社会科学》1993年第8期。

社会发展：内在指标及其前提

"发展越来越被看作是社会灵魂的一种觉醒。"——联合国教科文组织：《1977—1982年中期规划》第64页第3106节。

"社会发展"这一概念，在中国以往几十年的社会主义革命和建设史上，乃至于在教科书甚至标语口号中，并非鲜见。然而，在今天的历史条件下，特别是在逐步确立社会主义市场经济机制的背景下，重新来讨论"社会发展"，别有一番新义。

中华人民共和国成立以来，理论界在"社会发展"的内涵及其动力的把握上曾有过一段曲折。五六十年代，曾片面地强调了以"阶级斗争为纲"来推动社会发展；在"文革"的十年，这一理论则走向极端，提出了在无产阶级专政条件下的继续革命来促进社会发展（政治推动）。改革开放以来，开始重视社会发展进程中的经济增长因素，制定了许多刺激经济快速发展的政策（经济推动），但是，社会发展的本来意义并未真正体现。以至于曾出现经济和社会发展未能同步的局面。从那时起对国家的经济发展五年计划的提法，调整为"经济社会发展五年计划"，经济发展而带来的要求社会层面的协调发展问题逐渐引起了重视。

1994年10月24日，北京召开了首次中国社会发展工作会议。这次会议起草并制定了指导今后15年的社会发展工作的《全国社会发展纲要》。这样高层次的学术讨论会在全国召开，表明了我国社会转型已从"外在结构性转型"，进入了"内在要素性转型"的新阶段。"社会发展"这一概念不再是以往理论家们引经据典的抽象概念,也不再等同于"国家发展"或"民族发展"这些概念,而成为衡量社会进步和文明的客观指标了。

社会发展这一概念就其本身的含义而言可区分为广义和狭义两种不同的理解。广义的社会发展是指人类社会发展的自然历史过程,是指社会过程的本质所在,是社会过程的总趋势。亦是指社会由初级形态向高级形态发展的总进程。而狭义的社会发展包括经济、政治、文化等综合性的发展指标,简单地说,它包括外在指标和内在指标两方面。外在指标包括诸如:人口与家庭、健康营养状况、住房与环境、交通运输、社会安全、教育与智力投资、社会福利、文化生活等。而内在指标则具体涉及人的素质的发展、人与人之间关系的发展、社会价值观念和公共意识的发展,以及社会管理体制和制度创新等方面的发展。本文从社会发展的几种理论范式出发,来谈及社会发展的内在指标,并把中国的社会发展与现代化这一进程置于市场经济的背景中加以分析。

一、社会发展的几种理论范式

社会发展意味着什么?社会发展的基本轨迹是怎样的?对这些问题,历来有不少学者从他们各自的方法论角度,用不同的范式来给予界定的描述。最突出的有如下几种:

1. 经济形态论

马克思是从人类社会历史的发展是由经济形态发生革命性变革这一基本思路,来谈及社会发展的。人类社会的发展经历了原始社会、奴隶社会、封建社会、资本主义社会,并将经历共产主义社会,共五大社会经济形态,或曰五大社会发展阶段。"社会经济形态的发展是一种自然历史过程。"马克思认为,社会经济形态的依次更替的普遍性在于,社会形态适应生产力的不断发展,总是从低级到高级、从简单到复杂的发展过程,大体上要经历若干个社会形态。而"历史的进程是受内在的一般规律支配的。"这一内在一般规律也就是生产力和生产关系的矛盾规律,经济基础和上层建筑的矛盾规律。马克思同时指出,经济形态发展的每一阶段都为后一阶段的到来创造条件,而阶级斗争则是促成这一变革和发展的根本动力。

2. 观念形态论

社会学的始祖孔德,从其实证主义哲学的基本原理出发,认为人类社会的发展归根到底是人类理性和知识的发展所致,而这一发展的基本轨迹,即是他提出的著名的"三阶段律":神学阶段、形而上学阶段和实证阶段。孔德认为,他所处的时代正是社会从形而上学阶段过渡到实证阶段的时代。社会处于实证阶段,则不仅要求确立实证哲学体系,构建实证知识体系,而且还要求完成实证政治构架,通过孔德所倡导的"人道教",来澄清社会的旧观念,进而促进社会的秩序和进步。

3. 文化形态论

社会学家滕尼斯是从社区(Gemeirsehaft)和社会(Gesellsehaft)两者的区分来反映不同的文化情景并推知社会发展的。他认为社会的发展是从"社区"向"社会"过渡的。社区是一种礼俗社会,它是以人际间的亲情和对共同体的强烈归属为基本特征的,礼俗社会中人们之间的关系是以血缘为主的,它是一种熟人社会,社会成员的地位是与生俱来的,它尊重的是传统权威;而社会则是一种陌生人的法理社会,是完全个人化了的社会关系,是以效率和工作程序为规范的社会。在社会法理中,人们服从的是法理权威,社会成员的地位也是通过自己自愿选择和努力而获得的。从社区发展到社会是人类社会发展的必由之路，而在其文化形态上则最终走向法理型文化形态。

4. 产业形态论

未来学家托夫勒所构想的"第三次浪潮"，是从产业形态的角度来论及社会发展的过程的。即认为人类社会的发展是从农业社会、工业社会、向信息产业的社会发展。社会产业形态的变化必然带动社会层面各方面的发展变化。因此，在信息社会中，人们的生活方式，观念形态，以及人际关系等方面与以往的社会有极大的不同之处。托夫勒认为，第三次浪潮正在创造一个由多样性代替一般性的社会，大规模生产正在让位于分散化生产。计算机信息、遗传学、生物化学、生物医学、空间科学、海洋学、环境技术等学科正潮头汹涌。服务性部门，如保健、旅游、情报、教育、培训等正蓬勃兴起。

5. 增长形态论

历史学家沃尔特·W.罗斯托曾提出了经济增长形态的理论来论述他的社会发展观。他把增长形态归结为五个阶段，即传统社会阶段、为起飞创造条件阶段、起飞阶段、迈向成熟阶段、高速大规模消费阶段。他进一步用他的五阶段增长形态理论来对14个国家的起飞描绘了一张编年表。例如，英国的起飞是在1780—1800年间，法国的起飞是在1825—1860年间，美国的起飞是在1850—1860年间。罗斯托关于发展的基本观点是每个国家或迟或早，终将不可避免地走向"繁荣"，这种发展是一个积累的过程。

可见，对社会发展这一概念的内涵和动力的把握，可以从不同的角度来论及，上述各种观点更多的是从社会发展的历史线索或宏观构成上所作的阐述。或者可以认为，这种对社会发展的宏观的把握和总体的描述仅仅反映了人类或民族国家的发展过程，而并没有真正体现"社会"发展的意义。

二、社会发展的内在指标

对社会发展的把握不能仅仅停留在宏观层面、历史进程的分析和描述上。帕森斯从结构功能论的角度，把社会发展重点放在以下的某些变量上，如市场体系及其契约制度、科层组织、公平的司法体系与民主结社的产生，以及合法权威等。因此，从结构功能的角度来看，社会发展是整个社会的结构性的演进过程，它涉及构成社会要素的多方面发生变化，更突出地反映在具体的社会生活领域以及人的活动的某些变量上。换言之，社会发展本质上并不在于某些外在指标发生变化，而更为主要的是体现在社会的内在构成上的演变和进步。

联合国教科文组织于1979年8月27—31日在厄瓜多尔的基多召开了"研究综合发展观"的专家会议，这次会议的中心议题是总体的、内生的、综合的发展观念。强调"在这些观念中，内生性也许是最为困难的"。并且指"增长"和"发展"之间存在着差别，"增长是规模的一项指标，它是从发展中获得自身意义的，这种发展虽然同增长保持着差异，但又围绕着它，并在增长取得进展时显示出自己的效益"。因此，发展，绝不等于"规模的扩大"。当然，社会发展并不是不注重外在指标的增长。社会发展的外在指标完全是可以量化的。联合国教科文组织对社会发展外在指标的定义是："通过定量分析评价社会经济生活状况的变化。"可以说，社会发展指标体系是衡量和监测社会发展数量关系的尺度，是研究社会发展的现状和发展趋势的一种手段。

提出社会发展指标的量化是人类理性的一大进步。社会发展指标最早产生于20世纪60年代。由于二战后的社会问题愈益突出,以往用的"国民生产总值"这一指标远不能概括一国的总体发展水平,因而"社会发展指标"的问题开始提出。我国是从1982年开始把社会发展指标的理论和方法介绍到国内的。然而,"社会发展指标"所反映的社会发展的某些数量上的变化,还不足以完整地体现社会发展以及社会现代化的真正意义。本文并无意就非常具体的社会指标体系或"外在指标"来展开评论,而是从社会发展在社会要素系统方面发生的变化,来看社会发展反映在哪些内在指标上。本文的观点认为,这些内在指标大致上体现在社会成员的素质的提高、新型的社会关系的建立、适合社会进步的价值观念的确立,以及制度和体制的创新等方面。这些内在指标构成了社会发展的深层内容,也是社会要素系统的构成成分。

1. 素质指标

素质指标也就是人的素质发展的问题,或者说人的现代化。"发展同作为主体和行为者的人有关,同人类社会及其目标和显然正在不断演变的目的有关。"因此,发展首先涉及的是人的发展问题。如何来界定现代人的基本特点,有各种不同的观点。比如:美国社会学家英克尔斯曾提出衡量现代人的十二条标准中涉及向旧传统挑战的就有五条,即现代人乐于并准备接受新的生活经验;现代人准备接受社会的变革;现代人能积极地获取新的知识和态度;现代人乐于面向世界和未来,等等。所有这些不能说不对,但似乎或过于抽象或失之于偏颇。

人的发展或人的现代化,归根到底,在其素质上的基本特征不外乎两大方面,即主体意识和选择行为。社会发展大致上是社会成员的客体意识向主体意识转换；被动选择向主动选择转换。在市场经济条件下，社会民众的主体意识和选择行为将受到极大的激励，社会成员的流动程度日益提高，也部分地反映了人们的主体意识和选择行为的增强。这种情况在计划体制条件下是断然不会出现的。"在一个人能够选择之前，他必须存在与生活；而且，只有当主体获得信息、能够作出合理判断时，主观选择的自由才能实现。"市场经济的确立，提供了这样的外在条件，有可能激发人的素质的发展。

人的素质的发展与社会生活各方面的提高也都有关系。具体来说涉及教育、保健、卫生、环境保护、闲暇时间的安排等相关变量。"没有闲暇，就不可能有自我意识。"此外，提高人的素质可以通过各种形式的教育进行职业的或业余的培训；也可以从人的社会化以及人们的角色身份和地位身份等方面着手。孔夫子提出的"先富后教"的思想从一个角度体现了这种物质文明和精神文明的关系。通过人的生存环境的改变，从而来增强社会成员的主体意识和自主选择能力。

现代化理论家P.鲍尔指出，"经济能否取得成就和进步，在很大程度上取决于人的能力和态度，取决于根据能力和态度而建立的社会政治制度和采取的组织措施，还取决于历史经验"。总之，"从完全不同的经验观察和历史的观点来看，同样明显的是，个人的活动是发展的主要动力，并且是对任何发展形式的最终检验。"因此，人的素质的提高，是社会发展的基本要素之一。

2. 关系指标

社会发展在人们的社会关系上的变化是显而易见的。社会学的理论中有一组血缘关系、地缘关系、业缘关系的分析概念，表明社会发展是从血缘关系向地缘关系和业缘关系逐渐推进的过程。古代社会是以血缘关系为主的，而现代社会则是以业缘关系为主。业缘关系本质上是一种契约关系。它以界定契约双方的权利和义务的范围和内容为主要特征。这种形式上平等的社会关系在一定程度上可以促进社会成员的自由交往和横向联系。"门第关系在社会生活的一切领域中都是无足轻重的，因为人们在地理上的流动已使家庭纽带松弛了"。在市场经济条件下，社会成员之间、企业与企业之间的契约关系会日益突出，因为，市场经济的社会"涉及法人经济实体（如企业）的形成和支配它们之间关系的规范（如被认定为'私有'的财产、契约）的'竞争规则'"。这种现象的出现与传统社会是不可同日而语的。美国普林斯顿大学社会学教授列维，曾师从社会学家T.帕森斯，受结构功能主义的影响至深。他从发达社会内人际关系的变化中，提出现代社会是陌生人的社会，也就是一种易结易解的人际关系的看法，不无道理。

　　社会发展在关系指标上的表现还在于社会流动的加快。社会流动是社会成员在一定的社会分层结构中的位置变动，有时也具体体现在人们的职业变动上。与传统社会相比，现代社会的社会流动速率要高得多。"自致性社会关系"正是在社会流动频繁的现代社会中体现其意义的，它与传统社会中的"先赋性社会关系"相比，给人们创造的发展机会更多。

　　现代企业制度，从本质上讲是对以往计划体制下的组织关系的改造和更新。它包括建立新的财产关系、合同关系、所有制关系等，实质上也就是一种契约关系的体现。当然，肯定契约关系在社会发展中的积极作用，并不否定它也在一定程度上具有消极因素。因此，在维系正常的契约关系时，传统的人伦之道也该发扬光大。

3. 价值指标

即适合现代社会的价值体系和观念形态的建立。社会发展在社会价值观念形态上与传统社会有着天壤之别。传统社会是以集合关系为基本特征的价值体系，比如个人和集体的关系上，个人属于集体，集体包含于个人之中。因为所有"个人"集合起来便构成了"集体"。在这种观念形态下，集体的东西，个人可以随意地享用也就是自然而然的了。因为集体的东西对于每个个人都有一份；反过来，个人也可被别人以集体为名受到干涉。而现代社会的价值体系，则是一种非集合关系，其基本的关系形态上是一种公共和私人（包括法人）的关系。也就是所有"私人"的集合并非"公共"，"私人"（或法人）不能侵犯"公共"利益，不能随意占有公共物品；而"公共"机构也不能任意干涉"私人"（或法人）。因此，公共意识理应成为现代社会发展的基本价值体系，也是市场经济发育的必要条件。

韦伯曾在论述新教伦理与资本主义制度的关系时，强调伦理精神对于现实社会活动的影响，"经济与社会发展速度的最后决定因素是价值、动机或心理力量……""意义比较明确的价值使某些目标处于相对优先的位置，对这些目标的追求，激励着每一个人对经济和社会的发展作出自己的贡献，……这就是群体发展的辩证过程，这就是历史表明永无止境的个人人格发展的辩证过程。"价值体系的转型并非一朝一夕可以奏效，以往的集体意识的灌输在新的历史条件下可以升华，而成为一种新的集体意识，即公共意识。

4. 体制指标

所谓体制指标表现在社会管理机构内部的合理性上。现代社会的发展，离不开现代的管理体制，而管理体制的合理性是唯一重要的保证。体制指标的合理性，主要表现在两个方面，其一是这种管理体制是基于一种法理管理，即程序化的管理，而不是凭长官意志；其二是这种管理体制是在肯定了被管理者的一定范围内的自由度的管理，即被管理者有着充分的选择权。

体制现代化的另一意义在于制度创新。社会发展或现代社会是由一系列合理的制度所推动的，换言之，精良的制度，是社会发展的重要的内在的机制。制度的本质，是人类为了有秩序地进行社会生活和生产劳动而自觉地建立起来的一整套规范体系，这一规范体系虽然不是一种"实体形式"，然而它以具体的可感知的方式来影响人们的行为，并逐步成为人们的自我意识的一部分。社会成员的社会化过程，本质上也是在一系列制度体系中进行的。人们的社会生活离不开各种制度，因此，制度的合理性至关重要。制度创新是现代社会发展的基本要素，它涉及社会文化的规范意义及其合理化的过程。

从这个意义上讲，我们以往一贯提出的"四个现代化"，其外在指标是工业、农业、国防、科技四个现代化，而其内在指标则应当是素质、关系、价值、体制。这种内在指标的"四个现代化"是一种更深层次上的现代化。用不太贴切的比喻，外在指标是为了保证实现"物质文明"，而内在指标则是为了促进"精神文明"的最终实现。

三、社会发展的前提：市场经济的背景

我国的社会发展经历了"政治推进""经济推进"之后，正走向"社会推进"这一真正意义上的"社会发展"。在某种意义上讲，这种社会推进是由市场经济的内在规律所决定的。从计划经济体制转向市场经济体制，表面上看仅仅是一种经济结构的转

型和调整，而本质上讲是整个社会的全方位的转型。它突出地表现在以下三个方面：

1. 从同质社会走向异质社会

社会的发展可以简单地理解为是与社会劳动的分工日益精细相联系的，这种劳动分工伴随着社会的分化，它表现在人们的教育、职业、收入、爱好乃至于生活方式上的分化。分化的结果则是一种异质社会。社会学家斯宾塞用进化论的观点论及社会进化的规律时，用同质性和异质性来表示社会的进程。他说："在原始社会有机体中，它们的各种部分和功能很少发生分化，相互间是相似的。在那里，同一个局部结构可以执行几种不同的社会功能，而同一个功能也可以由几个不同的结构来执行。"社会进化的规律是从"同类性"（同质性）到"多类性"（异质性）的合乎规律的和愈益加速的运动。所谓同质，即体现人们的社会性特征上的同类性；而所谓异质，即体现在人们的社会性特征上的多类性。在市场经济条件下，社会的异质性程度有很大提高，社会成员之间的差别也在不断增加，个人的选择能力和选择行为得到肯定，这促成了社会成员的流动。伴随着社会分工的专门化程度提高，人与人之间，企业与企业之间的竞争在不断加强。

2. 从整体利益转向法人利益

在市场经济条件下，以往的计划体制之下的"一大二公"这种整体利益模式早已分崩离析，并由代表部分群体利益的"法人"所取代。法人利益是伴随着市场制度应运而生的。它必将在我国现代企业制度推进中更趋向于完善。市场经济模式中社会经济活动的基本单位是法人，这种法人利益是以往整体利益分化的结果，而同时在某种意义上说，它更能促进整体利益（全民族和国家利益）的更大规模的实现，进而推动社会的发展。

3. 从集体意识上升到公共意识

在市场经济条件下，政府部门不再是集体利益的维护者，而应成为公共利益的代表者。政府的主要任务也成为在制定公共政策，提供公共物品，最大限度地保证各个"法人"在不损害公共利益的前提下，发挥其能动性和创造性。因此，确立公共意识实为必要。任何"法人"或"自然人"，在追求最大利润的市场经济活动中，都必须以不损害公共利益为基本前提，只有不危及公共利益，才能最终也使自己获益。公共意识的基本内涵应该包括：重名誉，守信用，讲人伦，循法规。这样的公共意识与中国的传统文化基本相适应，它是传统道德在新的历史条件下的新版本。应当指出的是，公共意识的本质与以往的集体意识并非风马牛不相及，严格地讲，公共意识是对集体意识的一种升华。因此，重视加强公共意识的教育、引导和宣传，是新的历史条件下促进市场经济的良性运行的观念与价值的保证。

（作者孙嘉明，发表于《当代法学研究》1995年第1期）

"法人选择"还是"公共选择"?
——市场经济条件下的政府行为

内容提要

在市场经济条件下,"自然人"和"法人"的选择行为所遵循的原则,一般而言,是以追求利益的"最大化"为首选目标的,从而有可能导致社会公益的贬损。因此对法人选择加以必要规范,或者说如何在法人选择的基础上确立公共选择的机制,正是政府行为中必须考虑的问题。文章就在市场经济机制中的政府功能的问题作了探讨,并提出了"公共选择"所应注意的几个方面,如制定和实施税收制度、确立法规和"游戏规则"、提供公共商品和公共服务、建立社会保障和社会救济体系等。

社会主义市场经济是一场全新的事业,它不仅涉及经济领域的变革,也涉及政治、文化及社会领域的相应调整。因此,它是一个"系统转型"的过程,也可以说是一次"无声的革命"。那么在社会转型的今天,在市场经济的建构初具端倪的情况下,政府部门如何根据市场经济的特点及其业已形成的社会效应,有效地利用市场内在的规律,来引导经济发展和人民生活水平的提高,是新的历史条件下面临的新问题。

一、市场经济是一种"选择经济"

市场经济是以商品交换为特征的资源配置方式。它是建立在市场经济中的行为主体对于"有利"还是"无利"的目标的"合理选择"基础上的。因此,本质上讲市场经济是一种"选择经济"。所谓"选择经济",即由选择主体依据其追求的利益目标,独立行使其选择权利的一种经济体制。"市场系统的起点是个人拥有物品和意愿,其终点是物价所决定的私人物品再分配。"①因此,建立社会主义市场经济的前提,必然是要肯定利益的分化,以及各自独立的利益主体的存在。这些利益主体在市场经济中是具有独立人格特征的利益承担者和享有者,他必须担负起一定的责任和义务,同时具有充分的选择权利。"制度就必须提供给个人一些选择,这些选择包含他自己以及其他人必须履行的明确义务,必须使能以他个人的效用衡量的结果在某种程度上依赖于他个人的选择,最后,这些选择必须把他自己对净'交换条件'的影响减少到相当的限度之内。注意,这些正是市场经济选择制度的特征"。②于是,"自然人"和"法人"成了市场经济中最基本的利益主体。自然人是指个人的法律属性,而法人则是指团体或组织的法律属性。自然人和法人分别是市场经济活动中的独立存在,这和以往计划体制之下的"个体"和"单位"的概念已有很大差别,而其中根本的要害所在,正是自然人和法人的选择行为增强。

---

① 【美】詹姆斯·科尔曼:《社会理论的基础》,社会科学文献出版社1990年版,第412页、632页。
② 【美】詹姆斯·M. 布坎南:《民主财政论》,商务印书馆1993年版,第124页、232页、52页。

在市场经济条件下,"自然人"和"法人"的选择行为所遵循的原则,一般而言,是以追求利益的"最大化"为首选目标的。也就是说,无论是自然人还是法人,在市场经济中的行为都要考虑成本和利润二者关系,即以最小的成本投入来获取最大的利益产出。这就是"选择经济"的唯一原则。"这种行为假设来自古典经济学家们的贡献,他们的伟大发现是,追求私利的个人行为,在既定的合适法律和制度结构下,会无意中造成有利于全'社会'利益的结果。"[1]这一原则的建立无疑激发了自然人和法人的极强的内在驱动力,在整体上形成了社会的巨大能量,促成了经济的高速增长,这已经为近几年来的中国社会现实所证实。然而,必须同时考虑到的是这种原则的建立带来的消极意义,同样也是显而易见的。"民之趋利,尤水之走下,不择四方"。(汉晁错言)君不见,假酒假药充斥于街头角落?伪劣产品铺天盖地、欺行骗市时有所闻。"如果一个人的某些行为,对他人产生不利影响,社会则应对这类行为行使裁判权。"[2]这就提出了一个问题:中国经济改革的前期阶段,是以建立"企业本位"为基本指导思想的。"企业本位"思想,本质上是肯定了法人选择,这与过去计划体制下的"国家本位"相比是一大进步,它解开了束缚企业生机和活力的无形锁链。现代企业制度,进一步确定了法人行动者在社会经济生活中的地位。"现代法人是社会中新的一类行动者,它由一批无名投资者拥有,由专业人员管理。根据法律,现代法人被确认为'人',它同是行动的主体和客

---

[1] 【美】詹姆斯·M. 布坎南:《自由、市场与国家——80年代的政治经济学》,上海三联书店1989年版,第36页、69页、104页、20页、40页。
[2] 约·斯图尔特·穆勒,1926年。

体。"①然而，法人选择，由于必然遵循"最大化原则"而有可能导致社会公益的贬损，这也正是近几年来改革实践中遇到的头疼问题。因此对法人选择加以必要规范，或者说如何在法人选择的基础上确立公共选择的机制，正是政府行为中必须考虑的问题。

即使是在西方资本主义社会，在极力崇尚个人奋斗、追求私人利益的最大实现的社会观念形态中，也并没有忽视对"公共利益"的保护。布坎南在其《民主财政论》一书中论及了这个问题。"政治学家和其他一些人，经常把'公共利益'作为独立于社会个体成员的个别的或私人的利益而存在的某种东西。"②而事实上，忽视"公共利益"，片面追求"法人利益"的行为，虽然可能获得暂时的满足，到头来则是有损个人利益或法人利益的最大实现的。"各个交易不会完全达到个人利益的极大化，这不是出自对他的贸易伙伴的福利的关心，而是出自承认全体当事人的共同利益是稳定的文明秩序的绝对必要条件。完全可以认为，就广义的合理性而言，以承认这些界限为基础的行为是可以恰当地定义为'合理'的行为。"③因此，在现代社会的市场经济构架中，公共利益是绝对必要的构成要素，这种公共利益并不是一种抽象的利益，而是给所有法人和自然人都能带来好处的实在的利益。而政府在市场经济中的基本功能，正是在于维护这种公共利益，其基本的操作手段，则是公共选择。

---

① 【美】詹姆斯·科尔曼：《社会理论的基础》，社会科学文献出版社1990年版，第412页、632页。
② 【美】詹姆斯·M. 布坎南：《民主财政论》，商务印书馆1993年版，第124页、232页、52页。
③ 【美】詹姆斯·M. 布坎南：《民主财政论》，商务印书馆1993年版，第124页、232页、52页。

二、市场制度与权威制度的考量

中国目前所进行的经济体制改革,其体制定位是社会主义的市场经济制度。这一思想的提出是马克思主义关于社会主义(共产主义初级阶段)理论的新的历史里程碑,也是对马克思历史唯物主义的继承和发展。以往的社会主义实践在经济制度建设方面的具体表现形式是计划经济体制。"在这些制度下,领导层承诺了集体目标,包括(至少过渡性地)社会改造,而非像市场取向的多头政治那样敦促实现个人自由和个人目标。在追求集体目标时,政府作用的范围几乎包罗万象——比其他任何政治—经济制度都要广泛。"①

应当看到,中华人民共和国成立后的前30多年,在计划经济体制的推动下,在经济条件相当落后,农业比重相当高的旧中国基础上,开始社会主义的建设,并在工业、交通、基建等方面有所发展,这与新中国成立初期及其以后相当一段时间的"权威制度"的特殊作用有很强的相关性。"一个通过权威而不是市场的政治—经济的组织,在某些方面是臃肿笨拙的。这并不意味着一个价值判断,因为权威在其他许多方面可以有效地完成市场所不能做到的事情。"②因此,是否可以这样说,它是我国社会主义建设初期的必经之路,它可以有效地为以后的经济高速发展打下基础。

然而,市场制度对经济发展产生的神秘、巨大的推动力,早已为各国政府所关注。"历史上看,能代替国家的政治—经济制度

---

① 【美】查尔斯·林德布诺姆:《政治与市场、世界的政治—经济制度》,上海三联书店1992年版,第351页、92页、43页、95页、104页。
② 【美】查尔斯·林德布诺姆:《政治与市场、世界的政治—经济制度》,上海三联书店1992年版,第351页、92页、43页、95页、104页。

的政府统治的选择,始终是市场,如同等级制、官僚制和政府体系源于权威关系一样,市场制度源于简单的交换关系。"[1] "在市场制度下完全不需要任何集中协调的人,因为,协调——甚至是全球性的协调——是通过交换取得的。"[2] "对亚当·斯密来说,市场制度既是一个协调机制,又是一个分散化的激励形式——它鼓舞着许许多多个人的首创精神,而这是权威制度不能开发出来的。"[3]

从市场制度与权威制度的对比中,我们可以看到,市场制度和权威制度在其促进经济增长方面,所采用的手段、实现的目标,产生的效果,以及形成的条件等有着明显的不同。见下表:

	市 场 制 度	权 威 制 度
手 段	复 杂	简 单
目 标	法人目标	整体目标
效 果	无序＞有序	有序＞有序
条 件	法 理	动 员

从严格意义上讲,现实中的市场制度和权威制度的界定并不是纯粹意义上的概念,在实行市场制度的国家,政府部门也在不断地增强其计划性和有序性来协调经济和社会的一致发展;而以

---

[1] 【美】查尔斯·林德布诺姆:《政治与市场、世界的政治—经济制度》,上海三联书店1992年版,第351页、92页、43页、95页、104页。
[2] 【美】查尔斯·林德布诺姆:《政治与市场、世界的政治—经济制度》,上海三联书店1992年版,第351页、92页、43页、95页、104页。
[3] 【美】查尔斯·林德布诺姆:《政治与市场、世界的政治—经济制度》,上海三联书店1992年版,第351页、92页、43页、95页、104页。

往实行权威制度的国家则从市场取向方面来寻找刺激经济发展的手段。

正是在这个意义上，中国的市场经济制度的建立，必须是在社会主义的前提之下的产物，也就是说它仍然注重政府的调控和协调作用的发挥，特别需要顾及社会的公共利益。然而，它和以往计划体制的做法不同，它不是采取整体目标+动员型的战略，而是运用市场制度特有的法人目标+法理型的战略。相比之下，后一种战略远比前一种战略复杂得多，如何在实现法人目标的同时，保证最大限度地实现社会公共目标，这正是市场经济条件下政府部门所要十分关注的。因此，在"法人选择"的基础上，强调"公共选择"实属必要。

三、公共选择的基本内涵

公共选择这一概念的确立，其前提是承认"法人选择"和"私人选择"。换言之，在承认法人利益以及私人利益的基础上，才有可能言及公共选择，才产生如何维护公共利益的问题。既然所有人都认为公共利益是重要的，那么，就有必要在市场制度的条件下，由某一机构出面来维护公共利益，提供公共商品和公共服务。因此，公共选择就是由权威部门主持的，以服务于公共大众为对象的、维护社会整体利益、通过非市场机制来实现的某种行动。

其具体观察指标是：

公益指标——即维护公益，保障社会整体利益，这一整体利益也包括除了法人和私人所关心的领域之外的所有与社会成员的利益相关的部分。而这部分利益的实现可能需要投入更多的成本。因此，它不是以获得最大利润为满足。这与法人选择的基本原则是截然不同的。

手段指标——即非市场机制，它基本上不是通过买卖双方的契约形式来实现，而主要是由政府部门通过行政手段来促成的。政府部门根据自己的财政计划，有目标、分阶段地促成这些公众利益的实现。因此，与法人选择亦完全不同。

机构指标——即由权威部门来主持。这样一种公共选择，一般由政府部门直接来操作，而这些部门本身并不是法人，也不应该成为法人，它不代表某一个人或某一个别团体，而是代表全体人民。因此，眼下不少政府部门，包括司法系统、公安系统办"三产"，显然与这指标相悖。

由此，我们来看政府在"公共选择"中的角色，或者说在市场经济条件下的政府的功能问题。当然，这里谈的政府功能，是仅就政府的某一功能而言，而不包括政府的所有功能。在西方政治经济学理论中，把公共选择扩大为政府的所有必要功能，甚至是政治的全部内容。如布坎南在论及政治的内容时指出："政治的一个功能是建立'道路规则'，这个'道路规则'使具有不同利益的个人和团体，能够追求极为不同的目标，而不至于出现公开冲突。"① 一般而言，在市场机制中政府的功能涉及以下四个方面：

1. 制定和实施税收制度

在市场经济条件下，我们已经假定所有参与市场交换的法人和自然人都是以"经济人"的面目出现。因此，其行动必然依据追求"利益最大化"为目标。这一过程可以同时实现社会能量在总量上的提高。然而也有可能导致对公共利益的破坏和贬损。因

---

① 【美】詹姆斯·M. 布坎南：《自由、市场与国家——80年代的政治经济学》，上海三联书店1989年版，第36页、69页、104页、20页、40页。

此，政府在这种情况下，必须承担制定相关公共政策，以及为维护公共利益的制度设计任务。当然这种政策和制度的制定与设计都是在肯定法人以及私人的基本权益、承认他们的相对独立的选择行动的基础上的。政府在政策制定和制度设计方面最突出的贡献在于建立合理的、可行的税收制度。在市场机制中，税收制度是实现公共选择的基本前提，也是政府提供公共商品或公共服务在财政上的保证。"税收被看作是对人民的必要收费，而实际上并没有把税收看作一种'交换'过程的一部分，人民可以从这一过程中得到公共利益。现代的制度和现代的财政理论正是从这一财政过程概念中发展出来的。"①

2. 确立法规和"游戏规则"

市场经济肯定了利益主体，即法人和自然人的自主性行动，他们可以依据其各自目标独立地参与市场交易，而获取预期利润。然而这种利益主体的行动，应是一种理性行动，换言之，是一种合乎规范的行动。这种规范广义上包括所有的道德、伦理、法规等；狭义则是指政府部门所制定的各项条例和法律，它是界定市场经济中的利益主体行动是否"合理"的基本标准。因此，政府在市场经济建立过程中，必须大力完善必要的法规和章程、条例，使得各个利益主体的行动者有据可循，有令可行，有法可依。

3. 提供公共商品和公共服务

公共商品和公共服务这一概念大致上可以界定为一种为全体社会成员提供消费或使用的商品或服务。"萨缪尔森最初给纯公共商品下的定义，即必须是由集团中的所有成员均等消费的商

---

① 【美】詹姆斯·M. 布坎南：《自由、市场与国家——80年代的政治经济学》，上海三联书店1989年版，第36页、69页、104页、20页、40页。

品。如果集体中的任何一个成员可以得到一个单位,那么,根据定义,该集团的每一个其他成员也必须可以得到一个单位。""公共商品这一范围很广的范畴可以包括萨缪尔森和其他经济学家已经确定的'纯集体'的商品,但也可以包括'公共性'程度从0—100%的其他一些商品或服务。"①

在市场机制的条件下,政府有责任为改善社会公众的生活、劳动、享受和发展等方面的状况而提供公共商品或公共服务。当然这种公共商品或公共服务不是无偿的,而是以税收形式给予支付。"假定一座岛屿上的渔民正考虑修建一座灯塔,当然,这是标准的集体商品例子。"②又比如马路上的路灯等,这些都可以看成是一种公共商品。

4. 建立社会保障和社会救济体系

对社会成员的老弱病残给予必要的社会保障,以及对社会成员的突发性灾难给予必要的社会救济,是社会主义市场经济中政府职能的又一重要方面。社会主义本身是为追求全体成员共同富裕的人道的社会制度,但是在市场经济的机制面前,由于价值规律的作用,它必然产生贫富分化和社会不平等,特别是对老弱病残者构成极大的不利因素。如何使这一部分社会成员也能分享社会发展的成果,亦是公共选择中的题中应有之义。

(作者孙嘉明,发表于《复旦学报
(社会科学版)》1995年第5期)

---

① 【美】詹姆斯·M. 布坎南:《自由、市场与国家——80年代的政治经济学》,上海三联书店1989年版,第36页、69页、104页、20页、40页。
② 【美】詹姆斯·M. 布坎南:《自由、市场与国家——80年代的政治经济学》,上海三联书店1989年版,第36页、69页、104页、20页、40页。

附录二

孙嘉明主要科研成果
（1984—2024年）

英文著作：

Authored by Jiaming Sun, Edited by Rilla Cox. *Cultural Gene of the Institution: The Significance of Campus Life in the United States*. Archway Publishers, Inc. electronic version, Dec. 2023. Hard copy version, Jan. 2024.

Jiaming Sun, & Dongmei Cheng. *China's Generation Gap*, Routledge Taylor & Francis Group Feb. 2018. ISBN: 978-1-138-64793-0.

Jiaming Sun, & Lancaster Scott. *Chinese Globalization: A Profile of People-Based Global Connections in China*. Published in Feb. 2013 in Routledge Taylor& Francis Group. ISBN-10: 0415673038 | ISBN-13: 978-0415673037.

Jiaming Sun, *Global Connectivity and Local Transformation: A Micro Approach to Studying the Effect of Globalization on Shanghai*. Published in University Press of America, Rowman & Littlefield Publishing Group, Lanham, MD 20706. Feb. 2008, ISBN: 0-7618-4008-7.

英文编著：

Jiaming Sun and Xiangming Chen, *Empirical Approaches to Urban Sociology*. Published 2009 in Indo American Books. ISBN: 8189617672.

Jiaming Sun and Raghu N. Singh, *Empirical Approaches to Global Sociology*. Published in 2007. Indo American Books.

Kingsway Camp, Delhi 110009, India. ISBN: 81-89617-47-8.

中文专著：

《制度的文化基因：体察美国大学校园生活及其思考》，汉斯出版社，2020年版。

《华人全球化——全球联结对社会变迁的影响》（合著），世界图书出版广东有限公司，2017年版。

《全球社会学：跨国界现象的分析》（合著），清华大学出版社，2007年版。

《政治社会学导论》（合译），上海人民出版社，2006年版。

《观念代差：转型社会的背景1991—1994》，上海社会科学院出版社，1997年版。

《政治社会学》（合译），上海人民出版社，1989年版。

学术论文（包括合著）：

1.《"微全球化"研究领域及其社会学方法论意义》，载《中国调查与研究》2022年第1期。

2.《微全球化：方法论思考——新冠病毒是如何实现全球大流行的?》，载《国际艺术、人文与社会科学期刊》2021年第9期。

3.《美国大学生"个体化"校园生态及其社会后果》，载《上海建桥大学学报》2019年第3期。

4.《改革开放四十年与公民的"全球连接"：代际差异》，载《上海建桥大学学报》2019年第1期。

5.《城市化阶段与城乡关系》，载《城乡规划》2018年第2期。

6.《美国高校"全员师资培养"的体系与运作》，载《上海建桥大学学报》2018年第1期。

7.《美国高校"学生评教"的理念、形式与指标》,载《上海建桥大学学报》2018年第2期。

8.《以人为本的全球化:全球化研究的新领域》,载《探索》2017年第4期。

9.《探寻社会浮躁的深层原因——追溯百年中国历史》,载《探索》2015年第2期。

10.《城市化与城乡发展整体的国际比较》,载《探索》2014年第3期。

11.《中国民间全球链接——中国式软实力》,载《中国国情》2014年第5期。

12.《"微全球化"现象与中国青年》,载《当代青年研究》2012年第10期。

13.《空间分化与全球化消费——空间与流动》,载《城市与城市外研究国际期刊》2011年5月26日电子版。

14.《中国代际价值观差异:上海研究》,载《青年研究期刊》2010年第1期。

15.《解开全球与地方的纽结:上海居民居住类型的研究》(合作),载英国《环境与计划A》2007年第39卷。

16.《全球化进程中的跨国界交往现象:试论"海外关系"对本土经济,社会转型的影响》(合作),载《社会科学》2007年第6期。

17.《城市中国的社会学视野:从简单组合到复杂构造》(合作),载《当代中国研究——中国研究专辑》(英国SAGE出版社)2006年。

18.《个人的全球连通与消费行为:上海的案例》(合作),载美国《国际消费者市场杂志》2006年第3期。

19.《芝加哥居民中低费用妇女健康检查设备在空间上的平等性分布的研究》（合作），载美国《城市健康杂志》2006年。

20.《个人的全球连通以及居住空间结构的差异：有关上海的研究》（合作），载《中国：国际杂志》（新加坡国立大学东亚研究所主办）2005年第9期。

21.《美国学界的市场主义思潮》，载《社会》（上海大学文学院主办）2003年第10期。

22.《社会变迁和代沟》，载《中国研究和教学通讯》1998年第25期。

23.《全球化：趋势，问题和思考》，载美国《中国之星周报》1998年10月9日。

24.《全球化：一个社会变迁范畴》，载《文汇报》1997年6月9日。

25.《全球化的发展趋势对我国现代化的挑战》，载《复旦学报（社会科学版）》1996年第6期。

26.《挪威青年的生活方式》，载《上海译报》1996年6月27日。

27.《全球化：人类共同的航班》，载《文汇报》1996年第6—7期。

28.《跨国界犯罪与全球治理》，载《社会》杂志（上海社会科学院主办）1996年第9期。

29.《全球化进程与上海青年》，载《当代青年研究》（上海社科院青少年所主办）1996年第4期。

30.《权利：人类必不可少的属性》，载《现代外国哲学和社会科学文摘》1995年第10期。

31.《劳动价值观的世代差异》，载《社会科学季刊》（1995年增刊）。

32.《"法人选择"还是"公共选择"?——市场经济条件下的政府行为》,载《复旦学报(社会科学版)》1995年第5期。

33.《社会发展:内在指标及其前提》,载《当代法学研究》(复旦法学院主办)1995年第1期。

34.《重塑社会主义观念形态:社会学的思考》,载《学海》(江苏社会科学院主办)1995年第1期。

35.《世代政治学》,载《现代外国哲学和社会科学文摘》1995年第4期。

36.《试论社会主义市场经济中的"民主内核":学习〈邓小平文选〉第三卷的体会》,载《复旦学报(社会科学版)》增刊1994年第8期。

37.《劳动价值观的世代差异》,载《社会科学》(上海)1994年第4期。

38.《宗亲关系网的社会功能》,载《社会》(上海大学文学院主办)1994年第6期。

39.《大学生的宗教意识调查》(合作),载《当代青年研究》1994年第2期。

40.《市场经济中的"民主内核"》,载《理论月刊》(山东省委党校主办)1994年第4期。

41.《观念代差:集体取向还是个人取向?》,载《社会》1994年第8期。

42.《日本青少年犯罪与社会性矫治工程》,载《当代青年研究》1994年第4期。

43.《现实政治:生命进程论和世代继替论的观察》,载《现代外国哲学和社会科学文摘》1994年第2期。

44.《公共意识:市场经济中的道德规范》,载《大连日报》

1994年6月29日。

45.《社会主义市场经济条件下的社会控制》,载《复旦学报(社会科学版)》增刊1994年第8期。

46.《规范意识与当代中国青年》,载《当代青年研究》1993年第3—4期。

47.《市场经济背景中的人格重建》,载《社会科学》(上海)1993年第8期。

48.《市场经济背景中的人格重建》,载《人大报刊复印资料》1993年第5期。

49.《大学生的职业意向调查》(合作),载《当代青年研究》1993年第6期。

50.《现代化进程中的上海市民价值观念的代际比较研究综合报告》,载《上海社会科学院内部刊物》1992年第3期。

51.《法国青年18—25岁政治社会化追踪研究》,载《当代青年研究》1992年第5期。

52.《大学生的参与意识及其引导》,载《青年论丛》1990年第3期。

53.《个体户文化心态》(合作),载《社会杂志》1989年第2期。

54.《公民的政治参与和社会责任感》(合作),载《社会杂志》1989年第7期。

55.《大学生的政治社会化》(合作),载《社会科学》1989年第12期。

56.《出版物的社会兴趣点分析》(合作),载《书林》1989年第10期。

57.《性和社会——对人类性现象的社会学观察》(编译),载

《性教育研究文集》1989年第6期。

58.《政治社会学的基本定义和概念》，载《外国哲学和社会科学文摘》1989年第8期。

59.《行业管理与城市政府经济职能的社会化》，载《行政学研究》1989年第6期。

60.《改革的优化社会环境分析》，载《上海市统计局编辑文稿》1988年第7期。

61.《政治民主的内涵及其实现条件》（合作），载《复旦学报》（社会科学版）1988年第6期。

62.《党的领导方式应实现四个转变》（合作），载《社会科学》（上海）1988年第7期。

63.《社会各职业群体的读书观调查》（合作），载《书林》1988年第9期。

64.《青年工人的社会与政治兴趣调查》（合作），载《当代青年研究》1988年第11期。

65.《青年问题与80年代政治：多国比较研究》（合作），载《思想理论教育》1988年第3—4期。

66.《论民族素质与政治文化》（合作），载《探索与争鸣》1988年第2期。

67.《政治学经验研究中的科学性刍议》，载《政治学研究》1988年第1期。

68.《改革与社会学》（合作），载《社会与人口》1987年第2期。

69.《论党在建设时期组织结构和职能转变》，载《政治学文选》1987年第11期。

70.《论民族素质与政治文化》（合作），载《科学社会主义文集》1987年第12期。

71.《思想教育工作科学化研究》（合作），载《上海团讯》1987年第22期。

72.《政治民主及其民主权利的"自由度"》（合作），载《探索与争鸣》1987年第5期。

73.《政治体制改革的社会学思考》，载《社会学文集》1987年第1期。

74.《改革的社会学思考》（合作），载《社会学与现代化》1987年第1期。

75.《地域性共产主义的理论与实践》（合作），载《学习月刊》1987年第3期。

76.《政治学研究中的定量分析方法》，载《政治学研究》1986年第6期。

77.《民间社团浅议》，载《上海政治学会年刊》1986年第1期。

78.《政治学研究中的定量分析浅议》，载《政治学信息报》1986年第7期。

79.《爱情、个性及其恋爱婚姻的调适》，载《上海青少年研究》（上海社科院青少年所主办）1986年第8期。

80.《大学生的人格类型及其理想人格的分类》，载《上海青少年研究》1984年第7期。

81.《从"叮铛玉佩"想到的》，载《社会》1984年第12期。

后 记 Postscript

《文化生态中的制度设计》即将出版，感慨万千。其原因在于，"制度设计"这一主题贯穿了我几十年的学术生涯，与我的研究和思考始终相伴。回顾20世纪90年代，我曾连续发表的三篇文章：《重塑社会主义观念形态：兼评卢卡奇的〈历史和阶级意识〉》《社会发展：内在指标及其前提》以及《"法人选择"还是"公共选择"？——市场经济条件下的政府行为》。这些文章均涉及文化观念与市场经济环境下的制度设计问题。在美国攻读博士学位期间，以及此后在大学的科研和教学实践中，我结合美国社会现实，观察日常生活中各类与制度相关的现象，对以下问题常常深入思考：制度在规范人的行为、组织社会生活、维护社会秩序方面具有极其重要的作用。本书的出版，正是对我在这一领域思考的阶段性总结。

本书中的各篇短文均源自作者的生活经历和对现实的反思。由于个人经历的局限，思考难免存在偏颇，所提出的结论也仅供参考，读者切勿以偏概全或盲目认同。尤其是在探讨美国社会的某些制度设计时，需要考虑不同国家的社会观念与文化生态差异——在美国行得通的模式，未必适用于其他国家。此外，美国社会本身也并非完美，仍存在许多根本性问题，需要全面、客观地看待。

本书中的许多文章，曾以"异域观察""校园生活"等专栏形式发布在本人的微信公众号上，受到众多好友和读者的关注、点赞与积极反馈。在此书出版之际，谨向他们表示衷心的感谢！同时，特别感谢当年复旦大学国际政治系的同事、中国政治制度研究专家浦兴祖教授为本书撰写序言。此外，还要感谢上海大学出版社的编辑为本书的出版提供了大力支持与帮助。

本书的出版，既是对过往学术思考的总结，也希望能为有志于制度研究的读者提供一些启发。衷心感谢大家的关注与支持！